引进版职业院校精品教材

QICHE MEIRONG

汽车美容

王之政 张建兴 主编

人民交通出版社
China Communications Press

内 容 提 要

本书共分四章，第1章介绍汽车涂装作业程序、各涂层的作用及适合以美容方式维护的判断和时机；第2章介绍与汽车美容相关的工具与材料；第3章为本书重点，详细介绍汽车美容的方法与步骤；第4章介绍各瑕疵产生的原因及解决方法。

本书适合作为职业院校汽车专业的教材，也可供相关从业人员学习使用。

图书在版编目（CIP）数据

汽车美容 / 王之政，张建兴主编. — 北京 ：人民交通出版社，2011.9

引进版职业院校精品教材

ISBN 978-7-114-09313-5

Ⅰ. ①汽… Ⅱ. ①王… ②张… Ⅲ. ①汽车－车辆保养－高等职业教育－教材 Ⅳ. ①U472

中国版本图书馆CIP数据核字(2011)第154702号

引进版职业院校精品教材

书　　名：**汽车美容**
著 作 者：王之政　张建兴
责任编辑：戴广超
出版发行：人民交通出版社
地　　址：(100011)北京市朝阳区安定门外外馆斜街3号
网　　址：http：//www.ccpress.com.cn
销售电话：(010)59757973
总 经 销：人民交通出版社发行部
经　　销：各地新华书店
印　　刷：北京武英文博科技有限公司
开　　本：787×1092　1/16
印　　张：8.25
字　　数：151千
版　　次：2011年9月 第1版
印　　次：2021年7月　第5次印刷
书　　号：ISBN 978-7-114-09313-5
定　　价：33.00元
（有印刷、装订质量问题的图书由本社负责调换）

作　者　王之政　张建兴
出版者　**全华图书股份有限公司**
http：//www.chwa.com.tw
原著于2009年10月发行

《本书中文简体字版由台湾全华图书股份有限公司独家授权，仅限于中国内地出版发行，不含台湾地区、香港特别行政区、澳门特别行政区》

本书版权登记号：图字：01-2011-5637号

编者序

对于任何一个车辆驾驶人来说，车辆难免会受到一些轻微的刮伤或环境的污染。如果不尽快处理，伤痕极易扩大，届时必须花费更多的金钱和时间才能修复。其实，轻微的刮伤或环境的污染是可以借助一些简单的器材加以维护的。

本书共分四章，首先在学习汽车美容作业前，必须先了解汽车涂装作业程序、各涂层的作用及适合以美容方式维护的判断和时机。第2章介绍与汽车美容相关的工具与材料。第3章详细介绍汽车美容的方法与步骤，本章内容经过多次实践和调整才完成，为本书重点。第4章将美容可处理的瑕疵依照涂层表面、零配件表面以及内装分为三大部分，分别介绍了各瑕疵产生的原因及解决方法，以照片配合浅显的说明易于读者理解学习。

经由本书的介绍，对于学习汽车美容的读者来说，应该会有相当大的帮助。本书在撰写过程中经过慎重的选择和实际的操作，希望能适合于大多数读者的需求。对汽车美容有兴趣的车辆驾驶人，可以将第4章美容可处理的瑕疵作为入门指引，先了解瑕疵产生的原因和基本的处理方法，当然也可以作为保持车辆亮丽的防范措施。

本书适用于职业技术学校汽车专业以及对此方面感兴趣的读者学习参考使用。限于相关汽车美容作业材料、方法种类的繁多，本书仅能就目前使用最广泛、最容易且最实用的材料、方法作为主体，如果能按照本书的介绍熟练操作，一定能成为汽车美容作业的高手。

本书虽然经过多次的编修、校稿与资料补充，疏漏谬误之处仍不可避免，希望广大读者不吝指正，以期再版时能更加完美，仅此致谢。

王之政、张建兴

2011年7月

目录 CONTENTS

第1章　概述

第2章　工具与材料

第1章 概述

汽车作为现代主要交通工具和身份地位的表现，其外表大约有90%的面积有涂装。早期涂装的作用主要是考虑防锈，现代则更考虑到其色泽和独特性，因此各车厂无不费尽心思设计各种配合不同车型的涂装。由于涂装技术的进步，车辆耐腐蚀性也大为提升，使车辆的使用寿命延长。在汽车制造厂不断提升其涂装品质的同时，我们也必须注意车辆维修操作如何能符合制造厂设计的标准。

1.1 涂装的定义

涂装是指将涂料覆盖于物体的表面，经由干燥成形。成形的涂料称为涂膜或漆膜。有些是将涂料以喷涂方式涂布于物体表面，俗称喷漆。

1.2 涂装的功能

1. 保护作用

保护被涂物，使其免受环境中物质的侵蚀，有防腐蚀、抗氧化及防止其他环境因素所引起的损坏。涂装是目前最方便、最可行的防腐蚀方法之一。涂装可以在物体表面形成一层具有耐水性、耐久性、耐化学物质和油质等性能的涂膜，这一层涂膜能有效保护被涂物，延长其使用寿命。

2. 美观

世界上如果没有颜色将会是灰暗的。涂装可以使被涂物具有色彩、光泽、立体感和独特性等特点，给人们一种美的视觉感受。

3. 其他

涂装还有一些特种功能，例如热的传导，声波的散发、反射、标示及吸收，美化环境，以及对生理和心理的调节等。

1.3 汽车修补涂装的特点

涂装的目的在于使车体具有良好的耐腐蚀性和亮丽的装饰性的外观，能延长汽车使用寿命，提高产品价值，因此需要具有下列特点：

（1）良好的耐腐蚀性、耐久性、耐酸性和抗油污、碱、鸟粪等物质侵蚀的特性。由于车辆属于户外用品，因此必须要具备对不同温度、湿度等环境变化的适应性。

（2）车辆涂装在装饰性方面主要取决于色彩、光泽、鲜艳以及饱和度。涂膜所产生的橘皮、颗粒等现象都是影响外观的主要因素，一般对于涂装的要求是需要平整光滑、镜面以及没有其他杂质。

（3）需要具有施工容易、干燥快速、与原涂料高度的兼容性以及颜色调和容易等操作特点。

（4）车辆涂装为多层涂装，其原因是一般单一涂层无法达到上述的保护效果和美观的特点，所以通常车辆涂装大多分成底涂、中涂和面漆三部分。涂膜的厚度在制造厂通常在80～120μm，而在修补操作时会高出一些。

1.4 涂料简介

每一种厂牌的涂料会因厂牌或系列的不同，在比例、特点、喷涂方法和干燥时间方面有所不同，但其功能却都是一样的。因此，操作人员只要学会一种厂牌的涂料和喷涂方式，对其余不同厂牌的涂料，只要阅读涂料技术手册便能轻松上手。

在涂料的使用上有些操作人员喜欢把不同厂牌的涂料混合或组合使用。虽然有时可以节省金钱和少许的时间，但对整体的品质和将来的保修却有着极大的影响。正确的使用方法为：在喷涂的过程中，涂料的选择需为同一厂牌、同一系统的产品。这样对于品质的管理和控制上才能达到完美，同时如果有问题产生时，也比较容易发现并解决。

涂料的使用特性、功能如下：

1. 面漆（金油）

（1）为涂膜的最上层。

（2）为涂膜提供保护，如抗酸性、抗紫外线、耐磨性。

（3）为涂膜提供光泽。

（4）面漆层可分为中固型、高固型、耐磨型及最新的纳米面漆。

（5）亚克力二液型面漆，使用时需添加硬化剂。

（6）可用烤房和红外线烤灯来加速干燥或自然干燥。

（7）在强制烘烤前，通常需要静置5～10min。

（8）面漆层喷涂的膜厚高、低会直接影响涂膜的品质。

（9）施工时，通常为二道湿喷，中间需有静置时间。厂牌不同，静置时间各有不同。

2. 色漆（Basecoat）

（1）为涂层提供颜色。

（2）色漆层膜厚较薄。

（3）色漆分有银粉漆、珍珠漆、素色漆三大类。

（4）色漆又分为一次作法色漆和二次作法色漆等。

（5）一次作法色漆，通常为素色，喷涂时需添加硬化剂和稀释剂。

（6）二次作法色漆，通常为银粉漆、珍珠漆及部分素色，喷涂时需添加稀释剂。

（7）色漆颜色不同时必须微调。

（8）色漆最好按配方调制以节省材料和时间，颜色也比较容易统一。

（9）色漆喷涂时压力需要固定，以免影响颜色。

（10）一次作法色漆可用烤房和红外线烤灯来加速干燥或自然干燥。

（11）一次作法色漆在强制烘烤前通常需要静置5～10min。

（12）影响颜色的因素有喷涂压力、湿度、距离、喷枪移动速度、工作温度、静置时间以及涂膜厚度。

3. 加速剂（Extratop）

（1）为一次作法色漆和面漆省时及节省能源的添加剂。

（2）可以达到快速完全干燥。

（3）添加量以各厂家技术资料为主。

（4）一般使用在温度较低、没有加温设备烤房的工作环境。

4. 中涂漆（2K Filler）

（1）可分为一般中涂漆、环保中涂漆和有色中涂漆三大类。

（2）中涂漆为漆膜提供良好的底材。

（3）中涂漆为高膜厚、快干、二液型底漆。

（4）环保中涂漆为高膜厚、快干、不含异氰酸酯类物质的二液型底漆。

（5）有色中涂漆有黑、白、绿、黄、红、蓝、橘黄等颜色。

（6）有色中涂漆可当成车辆内部的面漆。

（7）有色中涂漆当成面漆使用时，需要尽可能和车身调成同色。

（8）有色中涂漆可湿对湿喷涂施工。

（9）各厂家涂料都有湿对湿中涂漆。

（10）喷涂中涂漆时，应先喷涂防锈底漆。

（11）中涂漆需喷涂二至三道，厂牌不同，喷涂次数各有不同。

（12）中涂漆提供膜厚、具有隔离不良底材、整平等功能。

（13）可用烤房和红外线烤灯来加速干燥或自然干燥。

5. 灰底漆（Primer Filler）

（1）为快干、单液型底漆。

（2）适用于局部修补，可用于干磨和湿磨作业。

（3）喷涂时，应先喷防锈底漆。

（4）作全车喷涂时，建议用中涂漆替代灰底漆以提高品质。

（5）灰底漆一般用于快速局部修补。

（6）灰底漆不具有高膜厚和隔离不良底材的功能。

（7）灰底漆需喷涂二至 三道，按厂牌不同，喷涂次数各有不同。

6. 补土（Polykit）

（1）主要分为钣金补土和IV镀锌补土两种。

（2）常用为二液型聚酯补土，用于整平、填补凹处之用。
（3）补土和硬化剂的比例为：100∶2～3（质量比）。
（4）Ⅳ镀锌补土可直接补于镀锌钢板上；钣金补土只能补在一般钢板上。
（5）补土前应先作防锈处理。
（6）硬化剂不能过量，否则会在面漆上造成渗色。
（7）强制干燥、温度不可超过90℃，否则会造成裂纹、起泡或附着力丧失。
（8）补土不宜过厚，以不超过400μm为宜。
（9）补土时补刀和被涂物角度以60° 为宜。
（10）与硬化剂混合时需均匀，以免造成附着力不良、干燥不完全等问题。

7. 细补土（1K Body Fine）

（1）为单液型自干补土。
（2）适用汽车表面轻微缺陷和刮伤的填补。
（3）薄涂于小孔及小刮伤的区域。
（4）静置15min后便可研磨。
（5）可施工于灰底漆、中涂漆及涂膜之上。
（6）不可厚涂于维修区域。
（7）尽可能以补土及中涂漆替代细补土的功能。
（8）过度使用容易出现裂纹、剥落及地图痕。

8. 喷补土（Spray Filler）

（1）为二液型聚酯喷补土。
（2）喷补土与硬化剂的比例为100∶5。
（3）适用于大面积和隔离旧漆用。
（4）喷补土的优点为容易研磨、细腻、没有孔隙及能提供良好的膜厚。
（5）施工前应先喷涂防锈底漆。
（6）可自然干燥或强制干燥。
（7）施工前可用补土对喷涂区域局部整平。

9. EP防锈底漆（Epoxy Primer）

（1）为二液型、快干、无铬的环氧底漆。
（2）适用于车辆、底盘新件和修补时使用。
（3）具有良好抗化学腐蚀能力和防锈能力。
（4）具有加强涂料及补土对钢板的附着力的功能。
（5）可强制干燥或自然干燥。
（6）干燥不完全时会直接影响漆膜的品质。

10. 酸性防锈底漆（Wash Primer）

（1）为二液型透明酸性底漆。

（2）提供良好的附着力和防锈能力。

（3）酸性防锈底漆无须研磨、烘烤。

（4）在补土研磨后、中涂漆喷涂前喷涂。

（5）不可直接喷于水性面漆、色漆和EP底漆之上。

11. 塑胶底漆（Plastic Primer）

（1）为一液型、快干、附着底漆。

（2）适用于所有车身塑胶件。

（3）不适用于已喷涂中涂漆的塑胶件。

（4）具有对塑胶件良好的附着性及喷涂容易等优点。

（5）可湿对湿续喷中涂漆。

（6）无须烘烤。

（7）喷涂一道，20℃静置10min。

（8）直接喷涂，无须添加稀释剂。

（9）有些厂家的涂料不适用于纯聚丙烯（PP）及纯聚乙烯（PE）。

12. 塑胶柔软剂（Plasticiser）

（1）为二液型塑胶件添加剂。

（2）添加后可增加塑胶件漆膜的柔软度。

（3）添加量需参考各厂家的技术手册。

（4）按硬质塑胶和软质塑胶的不同，添加量也有所不同。

（5）适用面漆、中涂漆及色漆。

（6）可强制干燥或自然干燥。

13. 擦拭剂/去蜡水（Silicon Remover）

（1）一种专门设计清洁金属和漆膜表面的特殊溶剂。

（2）适用于旧漆膜、底漆、中涂漆、补土区域和塑胶件清洁。

（3）具有去除油脂、沥青、细蜡和硅类物质的功用。

（4）使用时必须用干湿两块布，用浸湿的布清洁再用干净布擦净。

（5）使用后的擦拭纸需集中于通风处处理。

（6）需远离火源，以防火灾的发生。

（7）部分厂家将去蜡和清洁分开为两个步骤。

14. 接嘴香蕉水（Thinner）

（1）一种属于慢干溶解修补边缘的香蕉水。

（2）适用于局部修补扩喷和大面积喷涂小区域橘皮不均匀时修补使用。

（3）具有溶解扩喷边缘，使其看不出接嘴区域的痕迹。

（4）使用时应减压薄喷。

（5）没有接嘴香蕉水时可用慢干香蕉水替代。

15. 平光剂（Matting Agent）

（1）二液型面漆平光添加剂。

（2）适用于面漆和一次作法素色面漆。

（3）全光、半光、无光添加比例各有不同。

（4）厂牌不同，添加比例各有不同。

（5）调和方式较为特殊，（面漆或色漆+平光剂）：硬化剂。

（6）厂牌不同，硬化剂的比例各有不同。

（7）具有减低光泽的功能。

16. 防蜡剂（Silistop）

（1）为一液型抗鱼眼添加剂（鱼眼：为涂装瑕疵的一种）。

（2）适用于面漆层、一次作法素色面漆及二次作法面漆层。

（3）具有防止涂膜表面出现鱼眼蜡点的功用。

（4）厂牌不同，添加量各有不同。

（5）防蜡剂为含有硅的添加剂，尽可能避免使用。

（6）使用防蜡剂后，会产生硅残留于烤房的副作用。

（7）残留于烤房的硅会影响下一次的喷涂。

17. 衬色底漆（Basecoat Sealer）

（1）为一液型透明底漆。

（2）适用于二层涂装面漆。

（3）具有处理修补二层涂装面漆接口的作用。

（4）使用时，先用800号～1000号水砂纸处理原厂漆或旧涂膜表面。

（5）再湿喷一道衬色底漆于漆膜上。

（6）喷涂面漆时，色漆层如有需扩喷区域较容易施工。

（7）也可作为面漆层研磨破皮时的隔离层使用。

18. 羽状边处理剂（Blend-Prep）

（1）为一种针对扩喷区域处理的研磨膏。

（2）适用所有原厂漆。

（3）具有清洁、去脂、研磨等功能。

（4）使用时可配合800号～1000号水砂纸沾湿研磨于施工区域，直到光泽度消失。

（5）使用清水清洁及除蜡剂去脂。

1.5 汽车喷涂流程简介

喷涂操作是一种需要细心、耐心、技术及一点点艺术天分的工作，因此熟悉喷涂的所有程序（表1-1），是喷涂操作者的必备条件之一。

汽车涂装流程（银粉二次作法）　　表1-1

项次	施工项目	工具/材料	重点要求
1	预估作业时间		精准、确实
2	洗车	高压清洗机	门缝、水槽、底盘、轮弧
3	车身内装防护	车内护套	先清洁、再保护内装
4	拆副件	各种钣金工具	副件统一收集于拆件车
5	清洁	清洁剂、擦拭纸	清洁柏油、细蜡、硅力康
6	防涂	贴纸机、胶带、塑胶纸	保护车身、副件
7	旧涂膜去除	研磨机、砂纸	将需敲打处旧漆膜去除干净
8	吸尘	集尘器	维护环境、涂装安全
9	钣金整平/换新件	各种钣金工具	确认角度、平面度
10	清洁	清洁剂、擦拭纸	清洁粉尘、手汗
11	检查旧涂膜	拉卡稀释剂、擦拭纸	判别旧涂膜是否健全
12	除锈 羽状边研磨	研磨机、砂纸 P80、P120、P180	羽状边要延伸5cm以上至没落差为止
13	清洁	清洁剂、擦拭纸	清洁粉尘、手汗
14	防锈处理	EP万能底漆	见铁板处均需处理
15	调色作业	调色设备	喷色板对色至准确为止
16	补土	镀锌补土工具	将凹处填平
17	研磨整平	研磨机、砂纸 P80、P120、P180	注意平面度、均匀度
18	吸尘	集尘器	维护环境、涂装安全
19	清洁	擦拭纸、清洁剂	清洁粉尘、手汗
20	防涂	贴纸机、胶带	保护车身、副件
21	防锈处理	CR防锈底漆	见铁板处均需处理
22	中涂漆喷涂	中涂漆、喷枪	膜厚度、隔离效果
23	烘烤	烤漆炉	注意温度、时间
24	涂导引层	炭粉	检测研磨均匀度
25	中涂漆研磨	研磨机、砂纸 P180、P240、P360	砂纸痕、平面度、细致度
26	吸尘	集尘器	维护环境、涂装安全
27	清洁	清洁剂、擦拭纸	清洁粉尘、手汗
28	防尘	贴纸机、胶带	保护车身、副件
29	清洁	清洁剂、擦拭纸	清洁粉尘、手汗
30	黏布除尘	黏布	清除被涂物落尘
31	银粉色漆层	涂料	喷涂均匀、不走花
32	面漆层	面漆	喷涂均匀

续上表

项次	施工项目	工具/材料	重点要求
33	烘烤	烤漆炉	注意温度、时间
34	抛光/除尘	抛光机、粗蜡、细蜡	消除落尘、垂流、瑕疵
35	装副件	各种钣金工具	检查副件、恢复原状
36	车身内外整理		极致完美
37	交车		检查品质

熟悉喷涂的程序只是一个入门者应具备的基本条件，仅能使你成为一位优秀的操作者，但如果想要成为一位喷涂大师，那就必须完全熟悉所有操作过程中的操作技术及注意事项，见表1–2。

汽车涂装流程（素色一次作法） 表1–2

项次	施工项目	工具/材料	重点要求
1	预估作业时间		精准、确实
2	洗车	高压清洗机	门缝、水槽、底盘、轮弧
3	车身内装防护	车内护套	先清洁，再保护内装
4	拆副件	各种钣金工具	副件统一收集于拆卸车
5	清洁	清洁剂、擦拭纸	清洁柏油、细蜡、硅力康
6	防涂	贴纸机、胶带、塑胶纸	保护车身、副件
7	旧涂膜去漆	研磨机、砂纸	将需敲打处旧漆膜去除干净
8	吸尘	集尘器	维护环境、涂装完全
9	钣金整平/换新件	各种钣金工具	确认角度、平面度
10	清洁	清洁剂、擦拭纸	清洁粉尘、手汗
11	检查旧涂膜	拉卡稀释剂、擦拭纸	判别旧涂膜是否健全
12	防锈、羽状边研磨	研磨机、砂纸 80、120、180	羽状边要延伸5cm以上至没落差为止
13	清洁	清洁剂、擦拭纸	清洁粉尘、手汗
14	防锈处理	EP万能底漆	见铁板处均需处理
15	调色作业	调色设备	喷色板、对色至准确为止
16	补土	镀锌补土及补土工具	将凹处填平
17	研磨整平	研磨机、砂纸 P80、 P120、P180、P400	注意平面度、均匀度
18	吸尘	集尘器	维护环境、涂装完全
19	清洁	擦拭纸、清洁剂	清洁粉尘、手汗
20	防涂	贴纸机、胶带	保护车身、副件
21	防锈处理	CR防锈底漆	见铁板处均需处理
22	中涂漆喷涂	中涂漆、喷枪	膜厚度、隔离效果

续上表

项次	施工项目	工具/材料	重点要求
23	烘烤	烤漆炉	注意温度、时间
24	涂导引层	炭粉	检测研磨均匀度
25	中涂漆研磨	研磨机、砂纸P320、P400	砂纸痕
26	吸尘	集尘器	维护环境、涂装完全
27	清洁	清洁剂、擦拭纸	清洁手汗、粉尘
28	防涂	贴纸机、胶带	保护车身、副件
29	清洁	清洁剂、擦拭纸	清洁手汗、粉尘
30	黏布除尘	黏布	清除棉絮、粉尘
31	一次作法色漆	喷枪、涂料	喷涂均匀
32	烘烤	烤漆炉	注意温度、时间
33	抛光、除尘	抛光机、粗蜡、细蜡	消除落尘、垂流、瑕疵
34	装副件	各种钣金工具	检查附件、恢复原状
35	车身内外整理		极致完美
36	交车		检查品质

1.6 涂层简介

美容操作主要是处理汽车外表和内部的小瑕疵，而且这些瑕疵大部分都集中在汽车表面涂膜的面漆层，如果无法正确地了解涂层的主要结构，如图1-1所示，很容易会因施工不慎，而破坏整个涂膜的表层，最后需通过重新涂装来回复汽车外表涂膜的原貌。

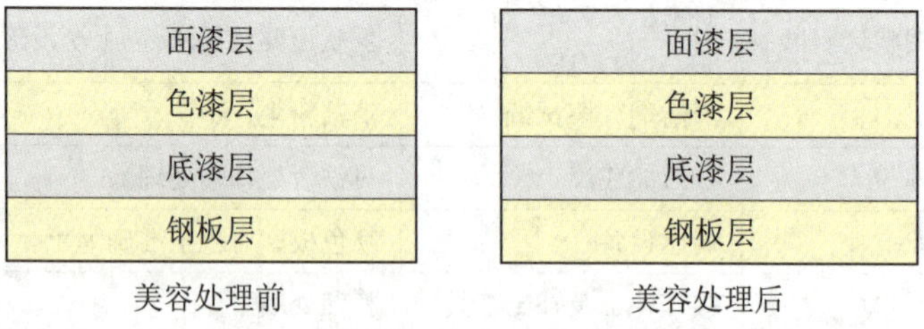

◆ 图1-1

钢板层：最早期汽车外表是以铁板为主要结构体，慢慢的进步改善后，目前以镀锌钢板、铝合金板和塑钢为主。

底漆层：主要包括防锈漆、中涂漆、Ⅳ补土等涂料，为汽车涂层提供防锈、隔离、整平等功能。

色漆层：分为素色、银粉色、珠珍色三种，主要功能为汽车提供外表颜色。

面漆层：为涂膜的最上层，主要功能为提供汽车涂膜抗酸性、抗紫外线、耐磨性、光泽性等功能，如果面漆层被破坏则涂膜就需重新喷涂。

1.7 美容的定义

美容是指通过清洗、研磨和特殊材料的操作运用使得汽车外表漆膜、零件、内饰回复到新车的光彩。美容的操作项目可分为内饰的清洗维护、发动机舱清洗维护、底盘清洗、漆面瑕疵处理、小美容和大美容。按项目不同，其操作的方法、工具、材料也有显著不同。

1.8 美容的功能

1. 美观

汽车每天陪伴着我们的同时，也接触到来自外界的损害和污染，其原因可归纳为四种：（1）受到太阳中的紫外线破坏而使得汽车漆面及零件容易老化、褪色；(2)一般泥土、粉尘、鸟粪、酸雨等的污染；(3)油性污染源如汽车排出的废气、油污、沥青等的污染；(4)其他外力所引起的损坏。通过美容的操作，能使汽车回复到原来的光彩。

2. 节省时间、金钱

可处理的美容瑕疵中，有一半是属于漆面瑕疵，在处理这些瑕疵时可选择重新涂装和漆面打蜡处理两种方式。如果通过美容处理，可节省大量的时间和金钱。美容与喷涂时间及费用比较见表1–3。

美容与喷涂比较表 表1–3

处理方式＼片数		单片	单一侧边	全车
重新喷涂	价钱(新台币)	5000	20000	60000
	时间(h)	8	16	32
美容处理	价钱(新台币)	500	2000	6000
	时间(h)	0.5	2	6

3. 其他

汽车美容除了能使汽车回复到新车光彩的功能外，还有其他的附加功能。如玻璃清洁能使行车更加安全，车辆内装饰的清洗、维护对人体的健康有益，各种维护剂的维护擦拭能延长爱车的寿命，美容蜡和细蜡的使用则能帮助漆膜对抗各种污染。

1.9 美容实施的时机

什么时候把汽车送去美容，这个问题在很多人的心中有不同的答案。新车交车的第一天，怕新车容易受到污染做个新车美容；好朋友或家人结婚时，需要爱车漂漂亮亮，帮爱车做个大美容；回乡过节时要爱车能体体面面的，帮爱车做个小美容；开车不小心刮伤爱车时，好心疼，赶快找美容处理瑕疵。这些都是有目的的美容。

汽车的美容、清洁、维护最好能按个人使用车的频繁度，安排时间为爱车实施美容的维护整理，并且能接受美容专业人员的意见，如此才能永保汽车长期保有新车的光彩。

理论测试

1. 简述涂装的定义。
2. 简述涂装的功能。
3. 简述涂装的施工流程。
4. 简述美容的定义。
5. 叙述美容的功能。
6. 美容实施的时机。

第2章 工具与材料

2.1 美容所需工具

一、压缩机

压缩机的种类见表2-1。

压缩机的种类　　表2-1

排量式压缩机	往复式	活塞式压缩机
		鼓膜式压缩机
	回转式	鲁式鼓风机
		滑动叶片式压缩机
		螺旋式压缩机
气流式压缩机	流式压缩机	多翼（叶片出口角度小于90°）
		径向（叶片出口角度等于90°）
		轮机（叶片出口角度大于90°）
	轴流式压缩机	

排量式压缩机：将空气吸入至一个封闭的空间中，然后利用零件的移动，缩小其空间体积，其内部压力自然得以提高。如往复式压缩机与回转式压缩机。

气流式压缩机：借助旋转叶片的高速转动将空气加速推进，造成气流速度与压力的升高，利用伯努利定理，气流路径的增加（通过升压器(Diffuser)使空气的动态转变为压力能而将空气的静压力提高），可降低气流的速度而压力却可提高，如轴流式空气压缩机。工业界以往复式压缩机和螺旋式压缩机较为常用。

以下我们将针对汽车维修业常用的空气压缩机——往复式活塞压缩机、螺旋式压缩机予以介绍：

1. 往复式活塞压缩机

利用活塞在汽缸内往复移动吸入气体加以压缩，为现今使用最多的压缩机。使用电动机式发动机带动活塞在汽缸中上下运动，当活塞下行时，进气门打开吸进空气，当活塞上行时，进气门关闭，因为容积缩小而产生压缩空气。由此，空气被压缩一次的简称为单级空气压缩机，如图2-1所示，可将空气压缩到大约6×10^5 Pa。如果需要更高的气压可以使用双级或多级往复式压缩机，即在第一缸压缩后的空气，再进入第二缸压缩以增高压力，如图2-2所示。因压缩时其温度上升，因此中间需要有冷却装置，双级压缩机在正常情况下压力可达15×10^5 Pa。往复式活塞压缩机因为有行程，因此会有脉动现象产生，因此要求承载的地基必须坚固。

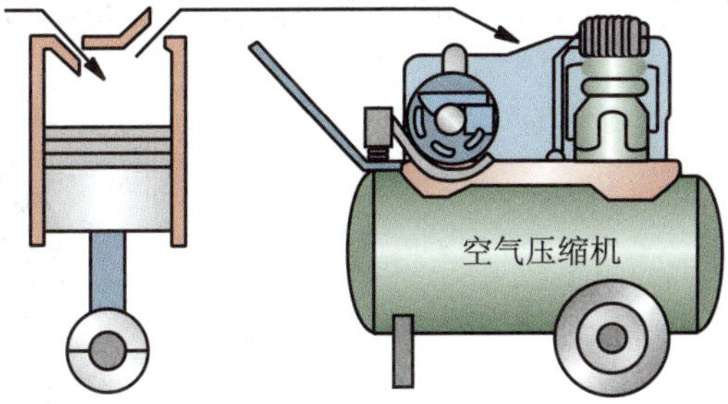

◆ 图2-1 单级空气压缩机

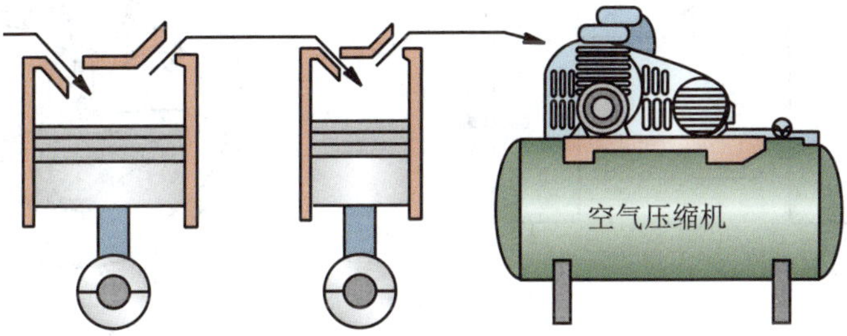

◆ 图2-2 双级空气压缩机

2. 螺旋式压缩机

如图2-3所示，此型压缩机含有一对相互平行齿轮啮合的螺杆，旋转前进中的转子螺纹在进口处封闭，形成一个气室，压缩空气，到达设定的压缩比后由输出口排出，输出口压力的脉动小，故运转平稳、噪声小，可作高速运转，输出压力单级可达 8×10^5 Pa，压缩空气输气量可达2 ~ 120m^3/min（标准状况）。螺旋式压缩机到1970年时，由于把转子的齿形改为了不对称形，效率提高了15%，使得油冷螺旋式压缩机在工厂中得到广泛应用，由于压缩空气输出无脉动，机器无振动，故不需要基座固定。

二、吸尘器

在我们的各种加工过程当中，研磨或者切削操作往往会产生各种不同的粉尘污染，这种污染必然会影响操作人员的健康、操作环境和操作品质，因此为避免这种公害的产生，降低污染的程度，我们常需使用吸尘器，如图2-4所示。其基本的原理简单地说，就是将含有粉尘的污染空气，以真空吸力捕捉之后，再将粉尘经过滤材过滤，排放出干净的空气。因此选择一个适当的吸尘器，我们必须注意考虑下列几个重要因素：

1. 功能性的选择

例如：家庭用及工业用必须要分清楚。主要的因素是其吸尘主机、真空电动机结构的不同。工业用的吸尘器的耐用度、散热片的设计，都比家庭用的耐用，虽然家庭用吸尘器的吸力可以达到要求，但是长时间使用容易因过热而损坏。

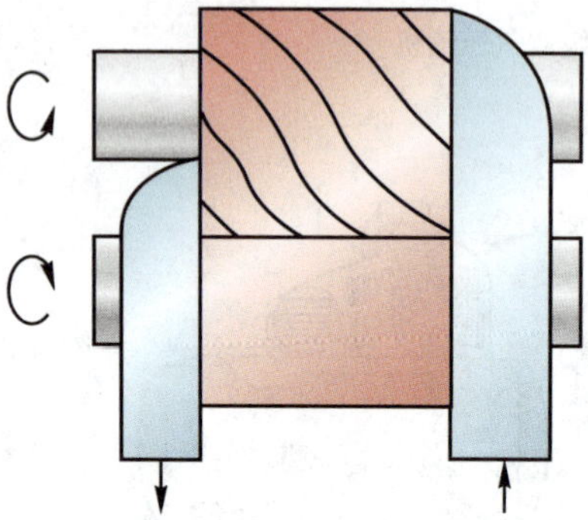

◆ 图2-3　螺旋式压缩机

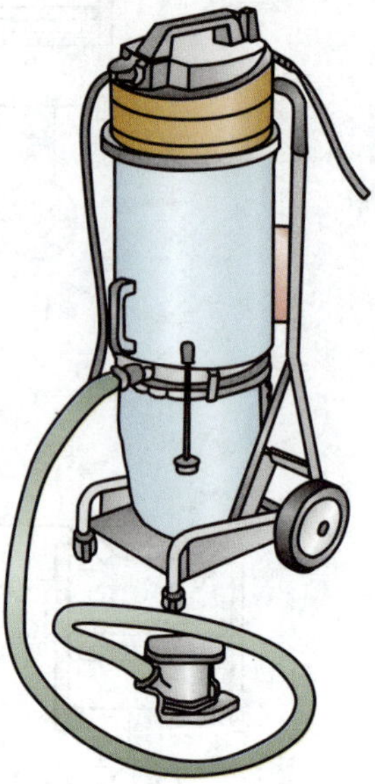

◆ 图2-4　吸尘器

2. 规格的了解

我们一般了解的是吸尘器的吸力大小，而没有注意其他的地方，其实除了吸力之外，还要注意它的风量、粉尘的捕捉能力。只有吸尘静压及风量的大小二者适当的配合，才能达到完全、迅速捕捉粉尘的效果。

例如：在实验中捕捉补土研磨粉尘，其最佳的情况是：静压9806.65Pa (1000mm水柱)、风量1000L/min，所以我们可以以此数据，作为选择的相关规格的参考。

3. 粉尘过滤的能力

吸尘器的过滤能力是吸尘器等级的区分标准，一般吸尘器都有符合工业标准的标示，如L级过滤粉尘颗料在0.2mg/m^3 以下。适用于为化学工厂、食品工厂等场所，其他还有U、G、K1级等，当然过滤的能力越精细，它的价格也越高，因此考虑此因素选择我们所需的机种时，必须注意：

（1）工作的场所。

（2）过滤粉尘的种类。

（3）操作安全规范。

4. 除尘方式的选择

污染的空气吸入吸尘器中，通过滤材后，粉尘及杂质吸附在滤材上，经长时间重复使用，必然越集越多，从而影响吸力的大小，进而增加吸尘电动机的负荷，因此除尘必定成为维护上的定期工作。一般过滤方式最好能有粗过滤、细过滤等二层以上的滤材，才能确保过滤的效果。滤材大致分为抛弃式及无纺布等除尘方式，为避免二次污染，最好选择密封抛弃式过滤袋。

5. 噪声的问题

一台好的吸尘主机，必定要考虑其所产生的噪声问题。操作人员长期在高噪声的工作场所下，必定影响效率，损害听力，因此在高速转动下的真空电动机结构四周，加上适当的隔声泡棉，将噪声降至可接受的范围内，也是选择吸尘器的重要因素。

三、研磨机

1. 研磨机的种类

研磨机的种类非常多，现以不同种类的机器为例对其性能加以介绍和比较，见表2-2。

研磨机的种类、特点与用途 表2-2

种类	特性	用途	研磨板运动方向	研磨痕迹
单向回转式研磨机	由于单向回转式研磨，在研磨板的中心与外侧的旋转速度不同，很容易产生参差不齐的研磨痕迹，但研磨去除能力则非常大	1. 旧漆膜去除 2. 去除附着在车身铁板的铁锈 3. 单身铁板的研磨	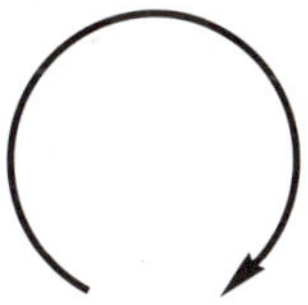	
前后往复式研磨机（图2-5 ）	1. 可实施线条及凹槽研磨 2. 砂纸痕迹为所有研磨机最少者 3. 但因直线研磨机运动为前后往复式，所以无法吸尘且质量最重	1. 大面积研磨 2. 旧漆膜平整 3. 凹槽线条研磨		
轨道运动式研磨机（图2-6）	1. 振动力小，容易控制 2. 砂纸痕迹较前者少 3. 研磨面平整光滑	1. 线条取终修磨 2. 研磨面平整 3. 足部研磨		
双向回转式研磨机（图2-7）	双向回转运动式研磨，其磨削能力比单向回转运动式大，且可减少砂纸痕的存在。因此在使用时可配合较粗砂纸研磨（如P80、P60）	1. 补土粗研磨 2. 大面积研磨 3. 线条粗研磨 4. 足部研磨	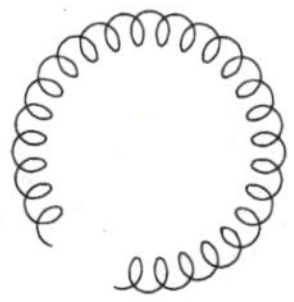	

2. 研磨盘的种类与使用方法

（1）研磨盘材质软式：通常用于漆膜表面处理（走漆）、二度底漆研磨、面漆层喷涂瑕疵处理及补土研磨后砂纸痕的修饰。

（2）研磨盘材质中软式：通常使用于羽状边研磨、补土研磨及补土研磨后砂纸痕的修饰。

（3）研磨盘材质硬式：通常使用于去除旧漆膜、补土研磨及羽状边研磨。

3. 研磨机的使用方法

（1）大方形研磨机：使用于大面积补土区域研磨，研磨时通常配合干磨砂纸P60、P80、P100使用。研磨时研磨机不得重压于补土区域，并慢慢的左右移动5～10cm，一个区域研磨完毕后再往另一区域作研磨。

（2）方型研磨机：使用于大面积补土区域研磨修饰，小面积补土区域研磨及角度修饰，通常配合干磨砂纸P80、P120、P180、P320使用。研磨时不得重压于研磨区域，并作5～10cm小弧度移动，移动方向可以上下、左右有规则的移动，一个区域研磨完毕后再换另一个区域。

（3）圆型研磨机：使用于羽状边、涂膜表面研磨和补土区域的最后修饰，羽状边研磨时通常配合干磨砂纸P80、P120、P180使用，研磨时平放于涂膜表面，由内往外慢慢移动，拉开到所要研磨区域。补土区域修饰研磨时需作5～10cm小弧度移度，并轻轻平放于补土区域。

（4）圆型研磨机：通常需选择偏心轴3mm的研磨机，用于涂膜表面及二度底漆的研磨修饰。研磨时通常配合干磨砂纸P320、P400使用，海绵轮用于研磨时平放于涂膜层表面轻轻的左右移动，并用眼睛观察，不可研磨过度见到色漆层。同时可用于喷涂后，美容前的面漆表面瑕疵处理，但需配合干磨砂纸P1000、P1500使用。

◆ 图2–5　前后往复式研磨机

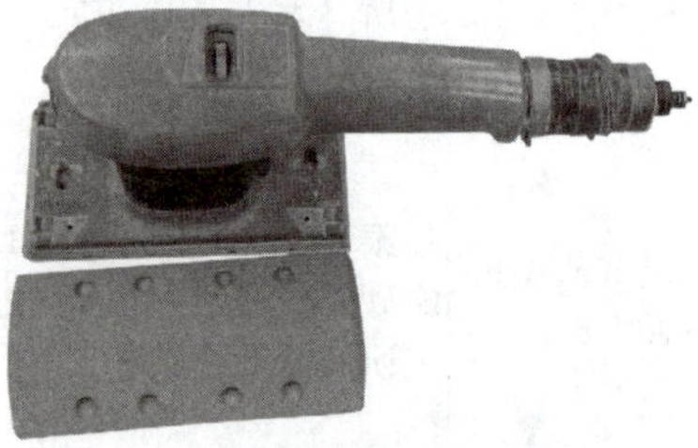

◆ 图2–6　轨道运动式研磨机

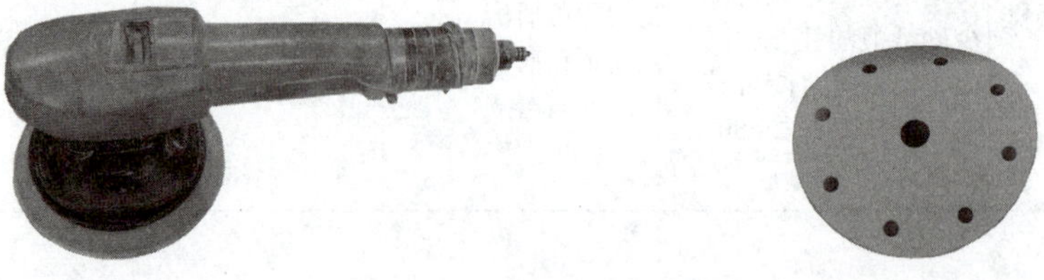

◆ 图2–7　双向回转式研磨机

四、高压清洗机

1. 小型冷热水手推式清洗机

小型冷热水手推式清洗机可以加入脱油剂、清洗剂或香精等清洁剂。使用单相电源加热装置，附有清洗把手和清洗软管，如图2–8所示。

性能要求：

（1）最小工作压力需要达到107Pa。

（2）水温可以在0～70℃调整。

2. 机动型油或电加热冷热水清洗机

输出压力比小型冷热水手推式清洗机高，此型流量较大，采用自动激活停止传感器、电动机作用传感器、火量控制传感器（如水过热时切断供油）和冷却设备，水是由油或电热器加热的，也可以直接接热水使用，如图2–9所示。

性能要求：

（1）最小工作压力需要达到3～17MPa。

（2）水温可以在0～140℃调整。

（3）耗水量大约950L/h。

（4）燃油消耗量大约5.3L/h。

（5）使用电源为380V或220V三相50Hz。

◆ 图2–8 小型清洗机

◆ 图2–9 机动型清洗机

五、单柱举升机

举升机的功能在于将车辆举升适当高度，使技师方便从事检查、调整、清洗、更换零件、校正和涂装等，因为有各种不同工作需求，需要谨慎选择适当的举升机，如图2–10所示。

单柱举升机比较适合清洗底盘及车辆周边的维修工作。举升机本身通过一个电动液压系统驱动，操作性能良好。

注意：埋入式举升机的埋入地下深度一定要按规定执行。单柱举升机通常会有左右移动的小位移间隙，这个间隙因制造商不同会有不同。

性能要求：

（1）升高高度最少需要能达到1.7m或更高。

（2）举升质量需求依车型不同区分，一般小型车2.5t，中大型车则是3.0t或更高。

（3）上升时间涉及工作效率，尽量能选择在60mm/s以下速度。

（4）电动机功率依载重不同，一般在2.0～2.2kW。

（5）埋入深度需按制造商规范施工。

（6）厂牌不同，液压油量也不统一，一般在10～40 L。

六、抛光机

1. 气动式抛光机

通过压缩机的空气带动，使抛光轮旋转、振动，同时配合羊毛轮、各式打蜡海绵、蜡，进而对漆膜表面面漆层产生切削力、抛光能力，消除各种瑕疵（如细微刮痕、砂纸痕、涂膜老旧）和镜面处理。并可更换抛光机底盘，当作研磨机使用，如图2-11所示。

性能要求：

底盘规格：125mm、150mm。

振动轨距：5mm双轨振动。

转速：0～1000r/min。

耗气量：0.2m^3/min　0.32m^3/min。

使用空气压力：588～784kPa。

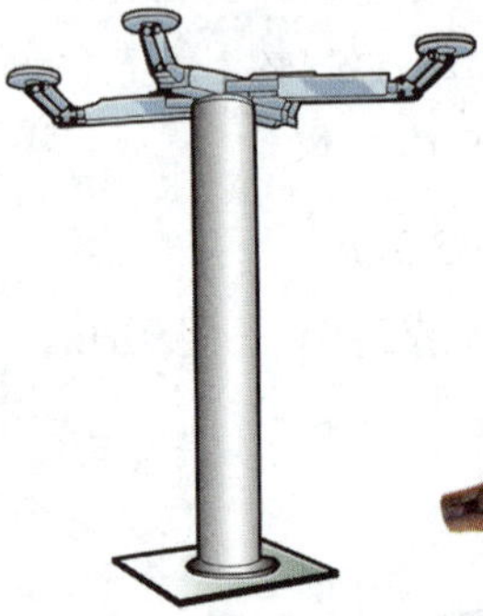

图2-10　单柱举升机

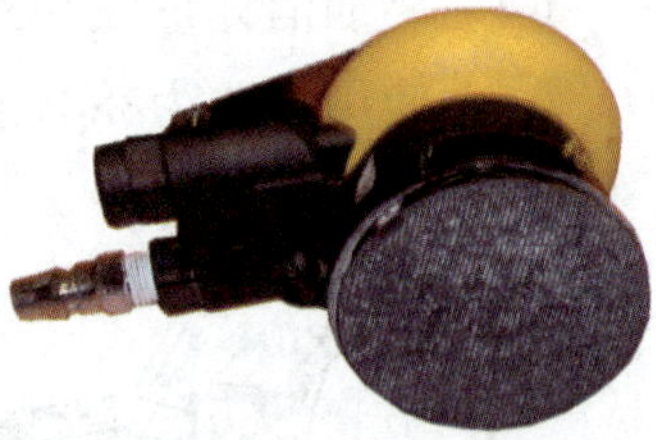

图2-11　气动式抛光机

2. 电动式抛光机

在电力驱动下，抛光机旋转，同时配合羊毛轮、各式打蜡海绵、蜡，进而对漆膜表面面漆层产生切削力、抛光能力。消除各种瑕疵（如细微刮痕、砂纸痕、涂膜老旧）和镜面处理。电动抛光机最好选择有调速功能，600～1200r/min用于粗蜡抛光，1200～2000r/min用于中蜡抛光，1800r/min以上用于细蜡抛光，如图2-12、图2-13所示。

性能要求：

输入功率：910W。

输入电压：110V、220V。

无载转速：600～2000r/min。

开关功能：6段调速。

电流：9.5A。

电线：5m。

◆ 图2-12　电动式抛光机1

◆ 图2-13　电动式抛光机2

七、风枪

使用空压机所产生的空气，对于车辆在抛光处理后，交车前的车身外表和内装清洁处理时，作为吹风清洁使用。吹风时可在风枪出风口加装保护橡皮，以免不小心的情形下伤及汽车，如图2-14所示。

◆ 图2-14　风枪

八、研磨砂纸介绍

这是以布或纸、织维布、布与纤维混合为底材，用黏结剂将研磨材料粘在底材上，分为水研磨砂纸及干研磨砂纸，目前行业中多以干研磨为主流，主要原因是干研磨的效率及整平效果都比水研磨的好，同时，同样型号的砂纸，干研磨的细腻度大约为水研磨的二倍（例如：水研磨砂纸为800目，用于干研磨，干研磨砂纸为400目）可大大减小砂纸痕迹，如图2-15、图2-16所示。

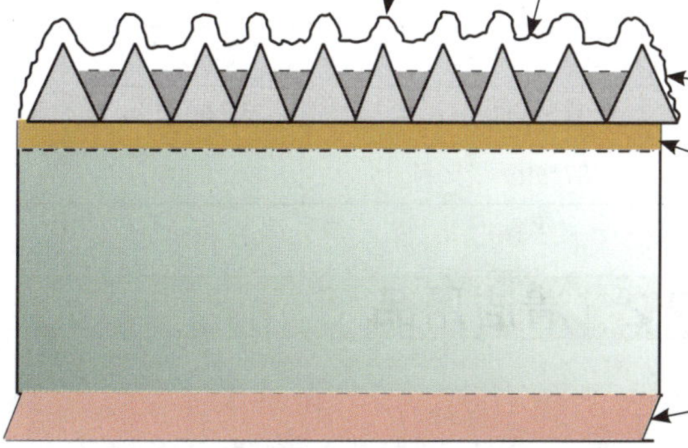

◆ 图2-15　砂纸结构（一）

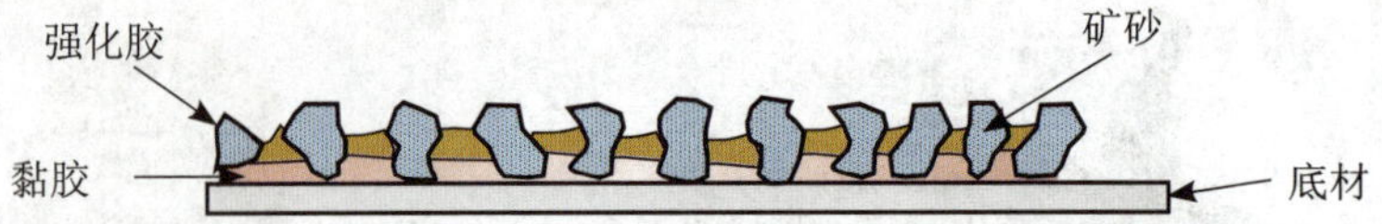

◆ 图2-16　砂纸结构（二）

一般，研磨砂纸的型号越大，研磨材料的粒度小、研削力弱；型号越小、粒度大，研削力强。研纸的胶合方式及矿砂种类见表2-3，常用研磨砂纸的型号与研磨材料的粒度关系见表2-4。

砂纸的胶合方式与矿砂种类　　表2-3

胶合方式	
强化胶（面胶）	黏结胶（底胶）
天然胶	天然胶
天然胶	天然胶+强化物
人造树脂	天然胶
人造树脂	人造树脂
耐水树脂	耐水树脂
矿砂	
（1）金刚砂	天然矿砂
（2）石榴石	天然矿砂
（3）氧化铝砂	天然矿砂
（4）碳化硅砂	天然矿砂
（5）氧化锆	人造矿砂
（6）陶瓷砂	人造矿砂
（7）人造钻石	人造矿砂

常用研磨砂纸的型号与研磨材料的粒度关系表　　表2-4

型号	研磨材粒度（μ）	型号	研磨材粒度（μ）
#80	275～295	#320	54～64
#100	227～247	#400	36～40
#120	190～205	#600	26～29
#180	137～147	#1000	15～18
#240	87～93	#>1000	15以下

2.2　清洁用品

一、吸水布

吸水布如图2-17所示。

1. 功能

（1）具有良好的吸水性。

（2）具有超细纤维材质、不伤漆面。

2. 使用方法

（1）先将吸水布均匀润湿洗净。

（2）清洁、拧干，用于擦拭。

图2-17 吸水布

图2-18 洗车精

二、洗车精

洗车精如图2-18所示。

1. 功能

（1）可使车身光亮、表面不易玷污并具有保护漆面的作用。

（2）为环保产品，具有强效清洁能力并形成保护蜡效果。

2. 使用方法

（1）依照比例调和洗车精和温水。

（2）然后以小面积方式逐块清洗至完全无污垢为止。

三、双用海绵

双用海绵如图2-19所示。

功能如下：

（1）粗细两面双重清洁功用。

（2）细面可配合洗车精洗车。

（3）粗面可用于擦拭内装针织材质表面、皮件表面或擦拭轮辋。

四、软性清洁剂

软性清洁剂如图2-20所示。

1. 功能

（1）环保产品，具有强效清洁能力。

（2）适合各种区域、零件清洁。

2. 使用方法

（1）依照比例将软性清洁剂和温水调和。

（2）装入喷雾器，喷雾于清洁区域。

◆ 图2-19　双用海绵

◆ 图2-20　软性清洁剂

五、柏油清洁剂

柏油清洁剂如图2-21所示。

1. 功能

（1）去除漆面、金属表面的油脂、蜡、柏油点及油污。

（2）可用柴油、擦拭剂、松香水、去渍油等替代。

2. 使用方法

（1）要清洁的表面必须干燥，如果潮湿，会降低其效果。

（2）以喷雾方式施工，喷涂时先自底部再往上，必须等作用数分钟后再行擦拭。

六、玻璃清洁剂

玻璃清洁剂如图2-22所示。

1. 功能

（1）凝性清洁溶剂，使用时不会产生垂流。

（2）具有清洁、防起雾的功能。

2. 使用方法

（1）均匀薄喷于玻璃上。

（2）再用清洁无纤维的擦拭布或棉纸布擦拭。

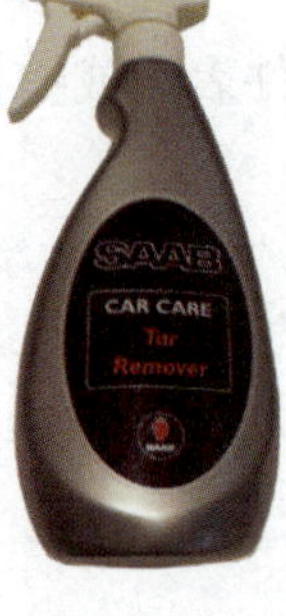

◆ 图2-21　柏油清洁剂

◆ 图2-22　玻璃清洁剂

七、黏土

黏土如图2-23所示。

1. 功能

（1）彻底除去漆面上的附着物，如铁粉、喷漆、虫骸、柏焦油、鸟粪、树汁等。

（2）能有效地除去影响光泽的附着物，适合上蜡美容之前处理。

2. 使用方法

（1）先将汽车外表上的油、石子清洗干净。

（2）用水管或喷雾器边洒水边轻轻擦拭漆层表面即可。

八、毛刷

毛刷如图2-24所示。

（1）长弯柄毛刷可用于轮弧、轮辋、发动机舱等不易清洁区域的清洁。

（2）长毛毛刷可用于橡胶件、塑胶件、车门板、护条、地毯、饰条、针织材料的清洁。

（3）小毛刷可用于仪表板上的按钮、细缝、出风口的清洁。

图2-23 黏土

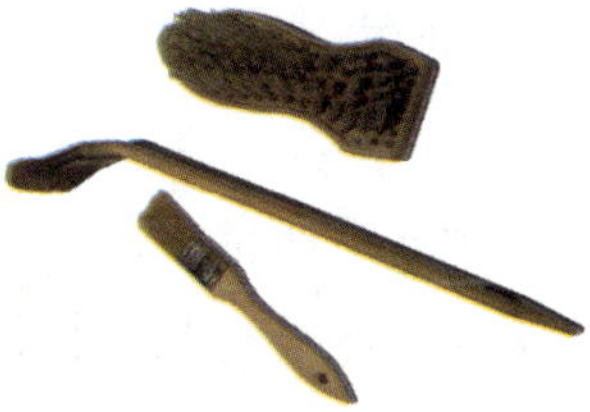

图2-24 毛刷

九、棉纸布

棉纸布如图2-25所示。

1. 功能

（1）可用于车身外表、细蜡擦拭、擦亮时使用，擦拭后不会残留毛絮和擦拭痕迹。

（2）可用于玻璃、内饰的清洁和打蜡，上维护剂的擦拭。

图2-25 棉纸布

2. 使用方法

（1）将棉纸布对折成四折后，作为清洁擦拭使用，如果脏污后可翻面再使用，可节省物料。

（2）将适当大小的棉纸布折成长10cm、宽5cm的形状，可用于手推打蜡，具有良好的切削力。

2.3 抛光用品

一、粗蜡

粗蜡含有大量的研磨颗粒，其颗粒主要以粗目和中目为主，使粗蜡产生强力的切削力，可用于去除漆面上的细小刮痕、氧化膜和污垢，如图2–26所示。

1. 功能

（1）可以将漆面上的氧化膜和细小刮痕完全去除。

（2）能使旧车恢复原来的光泽，彻底去除铁锈、柏油、污垢及消除橘皮。

2. 使用方法

（1）局部使用时可用棉纸布沾少许粗蜡，用手推打蜡。

（2）面积大时需配合抛光机、粗蜡海绵施工。

（3）单独使用时易留下粗蜡痕，需配合中蜡、细蜡使用。

二、中蜡

中蜡含有的研磨颗粒，以细目和极细目为主，其蜡的性质较粗蜡细，切削力较弱，主要使用于消除粗蜡抛光后留下的细微刮痕，以及去除漆面上的轻微氧化膜及污垢，如图2–27所示。

1. 功能

（1）消除粗蜡抛光后所留下的细微刮痕。

（2）可以将漆面上的氧化膜、柏油、污垢去除。

2. 使用方法

（1）小面积使用时可用棉纸布，沾少许中蜡、用手推打蜡。

（2）面积大时需配合抛光机、中蜡海绵施工。

（3）用手推打蜡时不易产生光泽，需配合细蜡使用。

◆ 图2–26　粗蜡

◆ 图2–27　中蜡

三、细蜡

细蜡的主要功用是为汽车外表漆面提供抗UV、抗酸雨、抗氧化的保护作用及提高色彩的鲜艳度、光泽度，如图2–28所示。

1. 功能

（1）为漆面提供一层持久的保护膜，保持漆面光泽、亮丽。

（2）隔绝紫外线、油烟、灰尘及其他杂质。

2. 使用方法

（1）将细蜡均匀涂抹于漆面上，用棉纸布擦拭并擦亮。

（2）可使用抛光机配合细蜡海绵做抛光，再用棉纸布修饰。

四、美容蜡

美容蜡如图2-29所示。

1. 功能

（1）为漆面提供一层超强的保护膜，保持漆面光泽、亮丽。

（2）防止酸雨侵蚀，隔绝紫外线、油烟、灰尘及其他杂质。

2. 使用方法

（1）车身洗净擦干后，将美容蜡薄薄均匀地涂抹于漆面上。

（2）待干后，使用棉纸布擦拭并擦亮。

图2-28　细蜡

图2-29　美容蜡

五、羊毛轮

羊毛轮如图2-30所示。

1. 功能

（1）软质纤维材质、圆形抛光轮。

（2）切削力强，能去除漆面严重瑕疵，不会留下抛光旋纹。

2. 使用方法

（1）配合抛光机、粗蜡一起使用。

（2）将羊毛轮平贴于漆面上后，开启抛光机抛光。

六、粗蜡海绵轮

粗蜡海绵轮如图2-31所示。

1. 功能

（1）软质海绵材质，圆形60目抛光轮。

（2）切削力强，能去除漆面细微刮痕、砂纸痕。能避免漆面角度区域受伤。

2. 使用方法

（1）配合抛光机、粗蜡一起使用。

（2）将粗蜡海绵轮平贴于漆面上后，开启抛光机抛光。

◆ 图2-30 羊毛轮

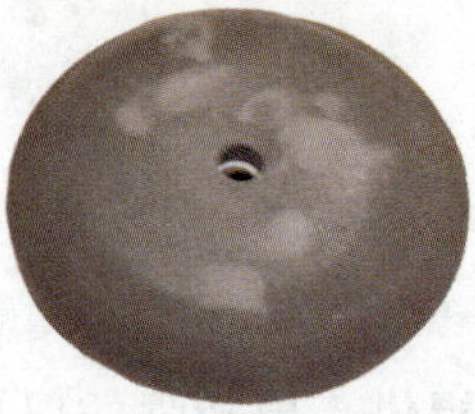

◆ 图2-31 粗蜡海绵轮

七、中蜡海绵轮

中蜡海绵轮如图2-32所示。

1. 功能

（1）软质海绵材质，圆形70目抛光轮。

（2）切削力良好，能去除漆面细微刮痕、粗蜡痕迹，能避免漆面角度区域受伤。

2. 使用方法

（1）配合抛光机、中蜡一起使用。

（2）将中蜡海绵轮平贴于漆面上后，开启抛光机抛光。

八、细蜡海绵轮

细蜡海绵轮如图2-33所示。

1. 功能

（1）软质海绵材质，圆形100目抛光轮。

（2）切削力良好，良好的抛光能力，能去除漆面细微刮痕。

2. 使用方法

（1）配合抛光机、细蜡一起使用。

（2）将细蜡海绵轮平贴于漆面上后，开启抛光机抛光。

◆ 图2-32 中蜡海绵轮

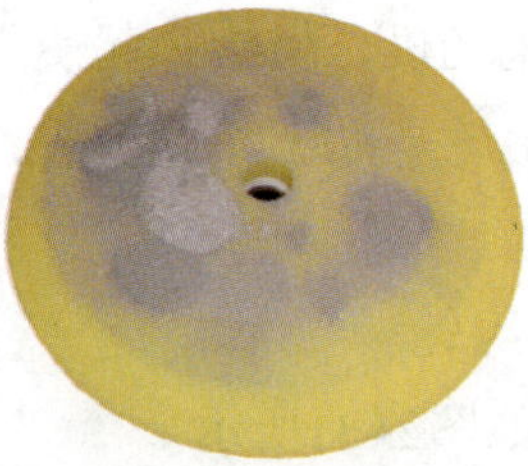

◆ 图2-33 细蜡海绵轮

九、喷雾器

喷雾器如图2-34所示。

1. 功能

（1）用于装软性清洁剂、各式维护剂、清水和其他液体。

（2）将喷出的液体雾化。

2. 使用方法

（1）将要使用的液体装入喷雾器中。

（2）调整所需的雾化喷弧后使用。

十、压板

压板如图2–35所示。

1. 功能

（1）美容一般使用长10cm、宽5cm、高1cm的小压板。

（2）用于研磨脏粒、小刮痕时使用。

2. 使用方法

（1）配合#1500及#2000水研磨砂纸一起使用。

（2）使用时配合压板两倍大的砂纸，轻轻对漆面研磨整平。

◆ 图2–34 喷雾器

◆ 图2–35 压板

十一、砂纸

砂纸如图2–36~图2–38所示。

1. 功能

（1）分为水研磨砂纸及干研磨砂纸，具有研削、整平的功能。

（2）研磨砂纸的型号越大，研磨材料的颗粒越小，研削力越弱；型号越小、研磨材料的颗粒越大、研削力越强。

2. 使用方法

（1）水研磨砂纸需配合压板和清水使用。

（2）干研磨砂纸需配合研磨机使用。

（3）水研磨砂纸美容操作以#1500 ~ #2000为主。干研磨砂纸美容操作以#1000 ~ #1500为主。

◆ 图2-36 干研磨砂纸

◆ 图2-37 干研磨手砂纸

◆ 图2-38 湿研磨砂纸

2.4 维护用品

一、皮革维护剂

皮革维护剂如图2-39所示。

1. 功能

（1）清洗时避免皮革材料损坏或褪色。

（2）防止皮革龟裂。

2. 使用方法

（1）使用软纸巾或棉纸布薄薄地均匀涂抹。

（2）如皮革附件和皮革座椅上脏污，可用清水先清洗或参考美容操作。

二、轮胎维护剂

轮胎维护剂如图2-40所示。

1. 功能

（1）透明的表面维护剂，流动性极佳，且干燥数分钟后，将使汽车轮胎表面产生良好光泽。

（2）也可作为车身黑色护条的表面维护剂。

2. 使用方法

（1）均匀地喷在轮胎壁上并让其自然干燥。

（2）如原轮胎壁过于干燥则再喷一次，黏附于钢圈的维护剂，再用棉纸布擦拭掉。

◆ 图2-39　皮革维护剂

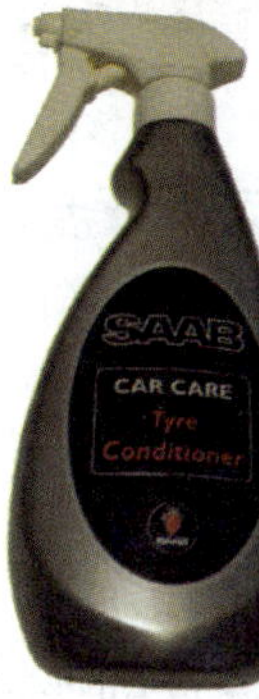

◆ 图2-40　轮胎维护剂

三、塑料件维护剂

塑料件维护剂如图2-41所示。

1. 功能

（1）透明的表面维护剂，流动性极佳且干燥数分钟后，将使爱车塑料件表面产生良好光泽。

（2）也可作为车身护条、人造革的表面维护剂。

2. 使用方法

（1）使用软纸巾或棉纸布薄薄地涂抹均匀。

（2）如塑料件、人造革、护条上脏污可用清水清洗或参考美容操作。

四、橡胶件维护剂

橡胶件维护剂如图2-42所示。

1. 功能

（1）具有活化橡胶件、门框橡皮的作用。

（2）属于聚合物（如乳化物）的维护剂，促使橡胶件表面产生良好光泽。

2. 使用方法

（1）均匀地涂抹于橡胶件表面，待干后再用棉纸布擦拭即可。

（2）如橡胶件表面、门框橡皮上脏污，可用清水清洗或参考美容操作。

◆ 图2-41　塑料件维护剂

◆ 图2-42　橡胶件维护剂

2.5 美容检验工具

一、美容漆面光泽度检验器（光泽计）

光泽计用于测量面漆层表面的光泽。光泽度越高表示面漆层喷涂越均匀、表面越平整。

光泽计使用方法：

（1）开启光泽计开关。

（2）取下光泽计的保护盖。

（3）可看到光亮度的数字在闪烁（图2-43）。

（4）按下感光度的调整钮，便会出现闪烁的数字。

（5）盖上光泽计的保护盖，按下光泽计的归零钮，使仪器归零。

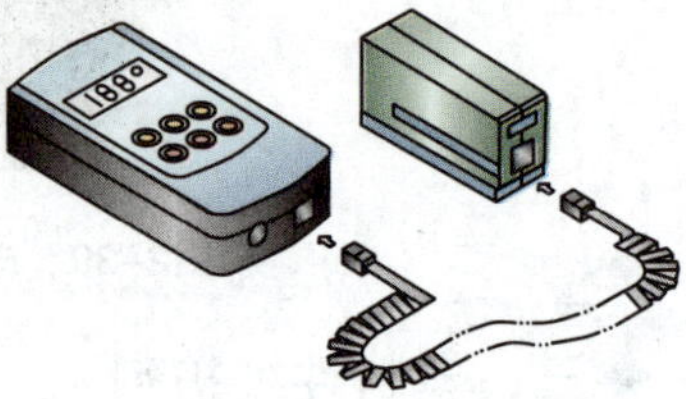

◆ 图2-43 光泽计

（6）等到数字归零出现数字后便可使用光泽计。

（7）把光泽计平整垂直放在受测的漆膜上，等到数字出现，其数字便是受测漆膜的光泽。

二、美容漆面膜厚检验器（膜厚计）

膜厚计（图2-44）用于测量漆膜表面到铁板的厚度，漆膜的厚薄和品质有着绝对的对应关系，漆膜过厚则有可能是补土过厚或多次的修补所造成，新车膜厚在90～120μm之间。

漆膜厚度如下：

（1）面漆层：25～60μm；

（2）色漆层：3～5μm；

（3）中涂层：60～180μm；

（4）补土层：0～400μm。

漆膜的表面到铁板的厚度，不含补土大约200μm，含补土建议小于600μm。

膜厚计的使用方法：

（1）打开膜厚计的电源。

（2）利用测试板将膜厚计归零。

（3）将受测的门板分成上、下、左、右四点。

（4）将膜厚计垂直平整的放在受测点数秒，等待完成的声响。

（5）所得到的数字即为膜厚数字，例如3μm、479μm、1.05μm、2.34μm等。

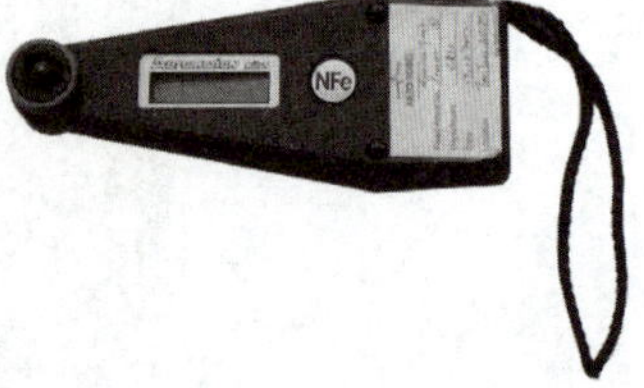

◆ 图2-44 膜厚计

理论测试

1. 美容所需的工具有哪些?
2. 美容所需的清洁用品有哪些?
3. 美容所需的抛光用品有哪些?
4. 美容所需的维护用品有哪些?
5. 粗蜡、中蜡和细蜡在功能上有哪些不同?
6. 粗蜡海绵轮、中蜡海绵轮和细蜡海绵轮在功能上有哪些不同?
7. 比较塑料件维护剂和橡胶件维护剂功能的差异。

第3章 美容方法

随着汽车使用时间的增长，不管你如何小心和爱护你的爱车，它所受到各种伤害都会越来越严重。除了车辆各种碰撞、严重刮痕、掉漆及零件破损和老化外，其余较细微的伤害可以通过美容来解决。

美容能解决的问题如下：面漆层不亮、漆层细小刮痕、酸雨痕迹、柏油问题、轮胎整理、内饰污染后复原、内饰整理、发动机舱和行李舱的清洁等。

美容的作法、步骤会因材料、工具及各家厂商的独特产品而有所不同，但是美容主要功能还是锁定在如何让爱车恢复到新车的状况。

整个美容步骤大致可以分为四大部分（表3-1）：

（1）车身清洗为第1项至第7项；

（2）涂层表面处理为第8项至第13项；

（3）内饰清洁为第14项至第22项；

（4）车身维护为第23项至30项。

同时美容的各单一项目也能当成单一美容瑕疵处理。

大美容建议流程 **表3-1**

项次	施工项目	材料/工具	重点要求
1	取出杂物与备胎	收纳箱	净空车内
2	清洗发动机舱	清洗机、长柄毛刷、防水塑胶套、风枪、发动机舱清洁剂	除污、除油
3	清洗轮辋及备胎	清洗机、双用海绵、软性清洁剂	除柏油粒、油脂及污垢
4	清洗四门内柱	清洗机、清洁剂、长柄毛刷	除污、除油
5	清洗轮弧、底盘	清洗机	清除泥砂
6	清洗机身外表	清洗机、双用海绵、软性清洁剂	清洁机身、去除污染物
7	干燥处理	风枪、吸水布	去除水分
8	检视		确认瑕疵
9	黏土处理	黏土、水管	去除油漆尘、铁粉、柏油粒
10	柏油处理	柏油清洁剂、棉纸布	去除柏油
11	小刮痕处理	抛光机、海绵轮、粗蜡、中蜡、水砂纸#1500、#2000、棉纸布	消除细微刮痕
12	漆面老旧处理	抛光机、羊毛轮、海绵轮、粗蜡、中蜡、细蜡	镜面处理
13	酸雨痕迹处理	抛光机、羊毛轮、海绵轮、粗蜡、中蜡、细蜡、水砂纸#2000	消除酸雨痕迹 镜面处理
14	天花板清洁	软性清洁剂、双用海绵、水桶、吸水布	除污
15	A、B、C柱清洁	软性清洁剂、双用海绵、水桶、吸水布	除污
16	仪表板清洁	仪表板清洁剂、双用海绵、水桶、吸水布、风枪	除污、除尘
17	座椅清洁	软性清洁剂、双用海绵、水桶、吸水布、皮革油、棉纸布、长毛刷	除污、维护

续上表

项次	施工项目	材料/工具	重点要求
18	车门板清洁	软性清洁剂、双用海绵、水桶、吸水布	除污
19	地毯、脚踏垫清洁	吸尘器、软性清洁剂、长毛刷、水桶、吸水布	清洁、除尘、除油脂
20	行李舱清洁	吸尘器、软性清洁剂、长毛刷、水桶、吸水布	清洁、除尘、除油脂
21	发动机舱整理维护	风枪、橡胶维护剂、棉纸布、塑胶维护剂	整理、维护
22	玻璃清洁	玻璃清洁剂、棉纸布	光亮、洁净
23	饰条清洁	软性清洁剂、小毛刷、水桶、吸水布	清除脏污、残蜡
24	涂上细蜡	细蜡、细蜡海绵、棉纸布	均匀、光亮
25	塑料及合成革维护	塑料件维护剂、棉纸布	均匀、维护
26	橡胶件维护	橡胶件维护剂、棉纸布	均匀、维护
27	轮胎、轮辋维护	轮胎油、软性清洁剂、棉纸布	均匀、干净
28	点漆	同色色漆、水彩笔	全车内外
29	检查	风枪、棉纸布	每一项目逐一检查
30	交车		精致、完美

3.1 车身清洗

一、取出杂物与备胎（第1项）

许多车主非常喜欢把爱车当成第二个家，把各种物品都放置在汽车里，其中又以加油后的赠品最多。但是这些物品如果不先整理清出车外，对后序的操作会有很多的不良影响，同时清出的物品也可能是车主最喜欢的物品，因此必须妥善保管。

主要工具与材料：收纳箱。

主要功能：清空车内。

施工方法：

（1）观察车内物品的多少，并准备可容纳的收纳箱，如图3-1所示。

（2）先收拾行李舱内的物品，再收拾车内物品。

（3）将收纳物品暂放于储藏室，美容完成后再放回车上。

（4）取出备胎、随车工具及三脚架，准备维护，如图3-2所示。

注意事项：

（1）车上物品须视为车主重要物品，妥善保管。

（2）车主大都已习惯物品位置，物品须归回原位。

（3）物品太多时，需将行李舱物品及车内物品分开收纳。

（4）在收拾物品时，须将垃圾分离丢掉。

◆ 图3-1 检查

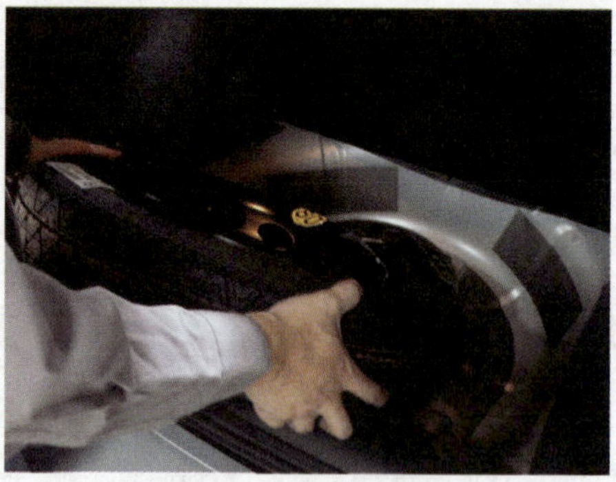

◆ 图3-2 取出备胎

二、清洗发动机舱（第2项）

整个汽车大致可分为：点火系统、供油系统、转向系统、制动系统、冷却系统、空调系统、进气系统、排气系统和电气系统。其中以点火系统的分电器、线路的接头及各种控制器的接线头在清洗时所受的影响最大，因为只要有水进入就不能发动，所以清洗发动机舱时只要看见分电器及接头，就一定要用塑料套包起来。

随着科技的进步，发动机的点火系统也有明显的进步，由分电器的点火方式改变为直接点火的方式，同时在清洗发动机舱时也不再需要把点火系统包起来，但是对于发电机及风扇电动机等零部件还是不能直接大量冲水。

主要工具与材料：清洗机、长柄毛刷、防水塑料套、风枪、双用海绵、发动机舱清洁剂。

主要功能：清洁、去除油污。

施工方法：

（1）检查发动机舱，如果发动机是使用分电器点火系统的，须先用防水塑料套防护好分电器。

（2）先用清水将发动机舱和隔热板润湿，软化污垢，如图3-3所示。

◆ 图3-3 软化污垢

（3）将发动机舱清洁剂均匀喷洒于清洁区域，如图3-4所示。

（4）使用长柄毛刷先轻刷发动机罩背面的隔热板。

（5）再使用长柄毛刷清洁发动机舱各部零件，并避开发电机、分电器和风扇电动机，如图3–5所示。

（6）发动机舱内漆面及较不易清洗部分，可使用双用海绵较细面清洁。

◆ 图3–4　喷清洁剂

◆ 图3–5　刷洗

（7）先用清洗机冲洗清洁发动机罩背面和隔热板、再清洗发动机舱。同时避开分电器、发电机及风扇电动机。

（8）使用清洗机冲洗散热器和空调散热器上的小虫及灰尘，如图3–6所示。

（9）最后用风枪将发动机舱做干燥处理，特别注意各电线接头，如图3–7所示。

◆ 图3–6　冲水

（10）如果不用水洗清洁，可直接使用风枪做初步清洁工作，如图3–8所示。

◆ 图3–7　接头/吹风

◆ 图3–8　吹风干燥

注意事项：

（1）发动机在高温时不可做清洗工作。

（2）发动机的点火系统大致分为直接点火、分电器点火。如为分电器点火系统，需为分电器做防水措施。

（3）清洗时不可对分电器、发电机、风扇电动机及接头直接大量冲水。

（4）清洗发动机罩背面隔热板时，清洗机水枪不得太靠近冲水，否则会伤害隔热板。

（5）清洗完须立即做干燥处理。

（6）发动机舱不可短期内经常冲水清洗，否则会伤及点火系统和电子元件。

（7）干燥处理时须特别注意电线接头吹风干燥处理，如电线接头含有水分会直接影响发动机起动。

（8）清洗发动机舱如视为单项美容处理，须为发动机舱橡胶零件上橡胶维护剂。

三、清洗轮辋及备胎（第3项）

车辆往往只是在外面小逛一圈回来，就会发现有一层黑色的粉末在轮辋上，如果太久不去清洗，一段时间后它会慢慢的附着于轮辋上，变得不易清洗。

轮辋的污染源主要来自两方面：一是来自制动摩擦块的半金属（石墨、二氧化铜、氧化铝、金属纤维），当你踩下制动踏板时，制动摩擦块和制动盘摩擦产生粉末，而附着于轮辋上；二是来自路面上的泥沙、柏油油污、水泥、油漆、金属粉末、化学物等。

目前在轮辋的清洁剂使用上，有许多人都选择草酸来清洁轮辋上的污垢，但是草酸对于环境的污染有一定影响，因而建议改为中性清洁剂，并且要时常清洗以保持轮辋的清洁。

主要工具与材料：清洗机、双用海绵、软性清洗剂、长毛刷。

主要功能：去除柏油料、油脂及污垢。

施工方法：

（1）用清水润湿软化四轮轮胎、轮辋及备胎上的污垢，如图3-9所示。

（2）将中性清洁剂均匀喷洒于四轮轮胎、轮辋及备胎上，如图3-10所示。

◆ 图3-9　软化污垢

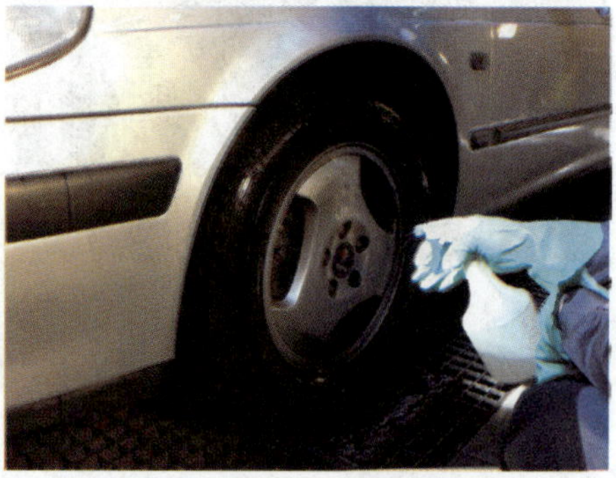

◆ 图3-10　喷中性清洁剂

（3）先用双用海绵清洁备胎，冲水并晾干，四轮上留清洁剂继续软化污垢，如

图3-11所示。

（4）清洁四轮轮辋时，先清洁较清洁的左右后轮，再清洁左右前轮，使清洁剂有较多时间软化污垢，如图3-12所示。

（5）用长毛刷清洁轮胎，再用双用海绵清洗轮辋，清洗完后用清洗机冲水，如图3-13所示。

◆ 图3-11 刷洗

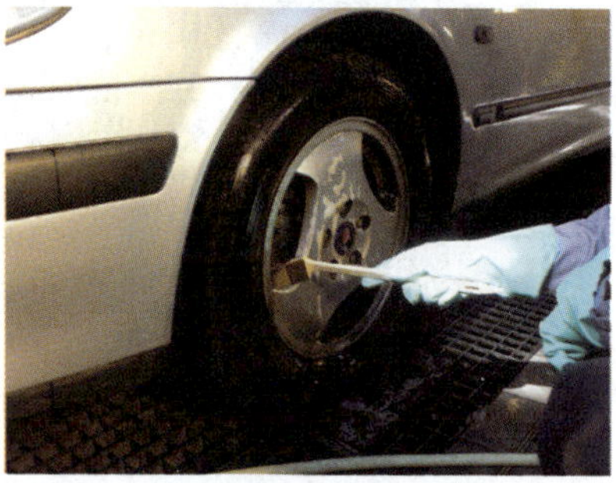

◆ 图3-12 刷洗

（6）如仍有污垢未清洁干净，可再使用中性清洁剂喷洒于轮辋上，并用双用海绵再清洁一次，直到清洁为止。

（7）如有柏油在轮辋上，可等第10项柏油处理时一起清洁。

◆ 图3-13 冲水

注意事项：

（1）轮辋清洁剂尽可能选用中性清洁剂。

（2）如选用草酸作为轮辋清洁剂须注意安全防护。

（3）备胎清洗完须妥善收藏，保持干净。

（4）清洁轮辋时，如不太脏时尽可能使用双用海绵较细面清洁，以免伤及漆面。

（5）清洗轮辋及备胎如视为单项美容维护，干燥后须为轮胎上轮胎油。

四、清洗四门内柱（第4项）

随着科技的进步，平常的洗车方法也由机器取代人工洗车，但使用机器洗车时一般都只注重车身外表的清洗，慢慢也造成四门内部、发动机罩内、行李舱内的污垢累积。因此在美容处理时，就必须注意四门柱和四门内的污垢、旧的润滑脂、灰尘的清洗，等美容完成后再为四门柱涂上新的润滑脂。

主要工具与材料：清洗机、长柄毛刷、双用海绵、吸水布、中性清洁剂。

主要功能：去除污垢、润滑脂、灰尘。

施工方法：

（1）打开车门并检查四门柱受污区域，如图3-14所示。

（2）将中性清洁剂均匀喷于四门柱和车门交接处及车门内漆面受污处，如图3-15所示。

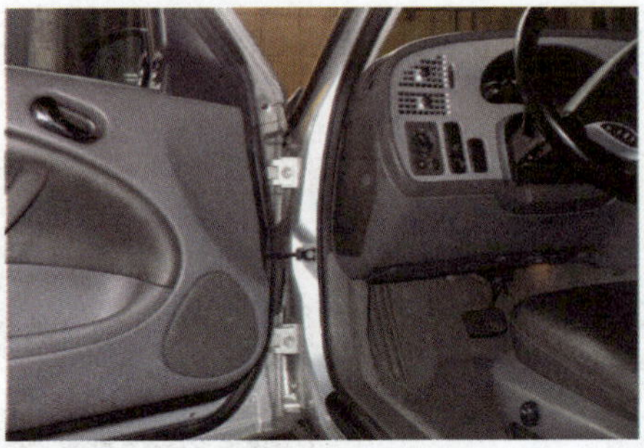

◆ 图3-14 检查

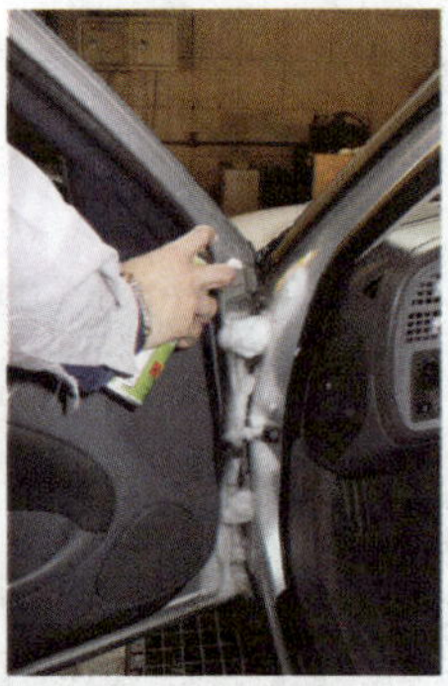

◆ 图3-15 喷中性清洁剂

（3）用长柄毛刷清洁四门柱铰链、门柱与车门交接处，如图3-16所示。

（4）再用双用海绵较细面清洁车门内漆面受污处及修饰四门柱与车门交接处未清洗干净区域，如图3-17所示。

（5）将清洗机调成最小水柱，用清洗机冲洗四门柱与车门交接处，并注意车内防护，不可让水弄湿车内内饰，如图3-18所示。

◆ 图3-16 刷洗

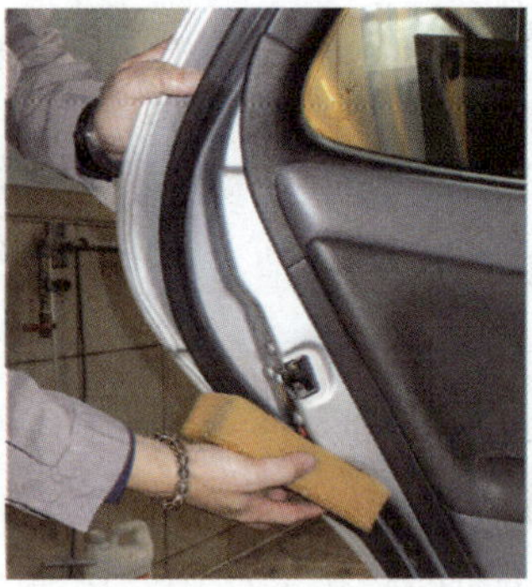

◆ 图3-17 清洁刷洗

◆ 图3-18 冲水

（6）其余车内漆面区域，使用吸水布清洁即可，以免弄湿内饰，如图3-19所示。

（7）在四门内柱上的铰链涂上润滑脂，可等第29项检查时再涂，如图3-20所示。

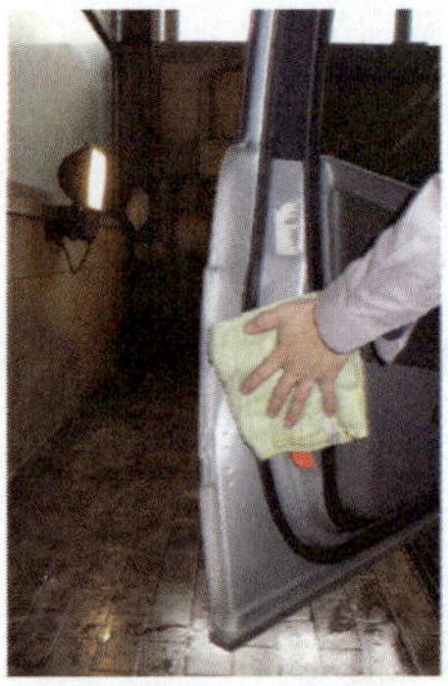

◆ 图3-19 擦干

◆图3-20 涂润滑脂

（8）如为单项美容操作，必须做干燥处理后再为铰链涂上润滑脂。

注意事项：

（1）清洗时必须注意内饰防护，不可弄湿内饰。

（2）弄湿内饰时必须立即用吸水布处理。

（3）车门内漆面区域，禁用清洗机冲洗，以免弄湿内饰。

（4）清理完成后，再为铰链涂上润滑脂。

（5）不易清理的油垢可用去渍油处理。

五、清洗轮弧、底盘（第5项）

车轮行驶一段时间后，会有一层厚厚的泥砂藏于轮弧后面和车身底盘。这些泥砂会使轮弧长期处于潮湿状况下，而加速车身钢板的锈蚀，所以保持车轮底盘的清洁会避免上述情况的发生，同时会使在例行维护时较容易发现属于车辆底盘的系统性事故，易于修理和维护。

主要工具与材料：清洗机、长柄弯头毛刷。

主要功能：消除泥砂。

施工方法：

（1）把车辆用举升机举高，如图3-21所示。

（2）穿戴雨衣、帽子作为清洗底盘的防护。

（3）先对车辆底盘、四轮弧做润湿污垢、泥砂的工作，如图3-22、图3-23所示。

图3-21 举高车辆

图3-22 清洗底盘

（4）再按左前轮、右前轮、发动机底部、左后轮、右后轮、后底板、左大梁、右大梁的顺序用清洗机冲洗。

（5）如果没有举升机时可先对四轮弧做润湿泥砂的工作。

（6）用长柄弯头毛刷刷洗四轮弧的泥砂，如图3-24所示。

图3-23 清洗底盘

（7）再按左前轮、左大梁、左后轮、后底板、右后轮、右大梁、右前轮的顺序用清洗机冲洗，如图3-25所示。

◆ 图3-24　用刷子洗轮弧

◆ 图3-25　冲水

注意事项：

（1）清洗底盘、轮弧时，汽车最好在举升机上。

（2）如果没有举升机时，尽力将四轮弧及四轮弧周围冲洗干净。

（3）清洗轮弧时选用弯头造型毛刷，比较易于清洗。

（4）使用举升机顶车清洗底盘、轮弧时必须穿戴帽子、雨衣作为防护，不然弄湿衣服后，在整理内饰时会污染内饰。

（5）四轮胎及轮辋如受泥砂污染，可用清洗机再冲洗一次。

（6）底盘清洗如列为收费单项美容，须配备洗车举升机。

六、清洗车身外表（第6项）

车辆外表的清洗为美容项目中最基础、最常操作的单项收费美容项目。主要是清洗车辆平时所受到的酸雨、泥砂、废油气、鸟粪、柏油、灰尘、树汁等污染的漆面，如果长时间不清理受到污染的漆面，这些污染源便会慢慢的侵袭漆面的面漆层，而留下污染的痕迹，这些痕迹又以鸟粪、酸雨所造成的伤害最为严重，如果美容不能解决时就需要到维修厂重新喷涂。

目前洗车方式主要分为两大类，（1）电脑洗车：快速、方便，每个加油站、保修厂都可看到它的踪影，如图3-26所示。（2）手工洗车：费时、费钱，但不伤及漆面，大多只限于美容专门店或洗车场。电脑洗车与手工洗车比较见表3-2。

在大美容中清洗车身外表项目的操作，为了不伤及车身漆面，而增加漆面整理的时间，一般都选择以手工洗车为主。

主要工具与材料：清洗机、双用海绵、中性清洁剂、水桶，如图3-27所示。

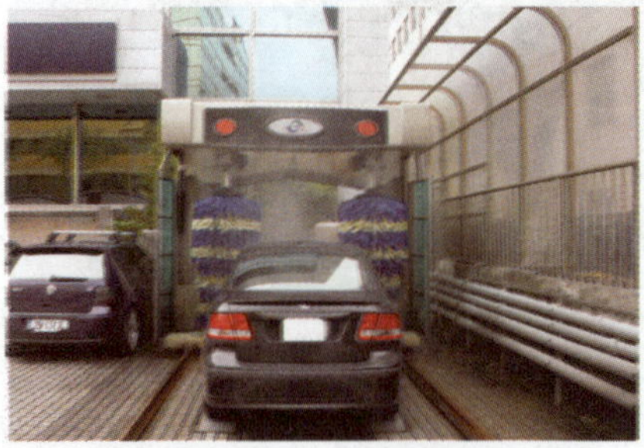

◆ 图3-26　电脑洗车

◆ 图3-27　加清洁剂

电脑洗车与手工洗车比较表 表3-2

比较 项目	优点	缺点
电脑洗车	（1）快速、方便 （2）洗车、打蜡同时完成 （3）费用低 （4）取得方便	（1）刮伤漆面 （2）许多死角无法清洗 （3）全车打水蜡、造成玻璃污染 （4）只清洗全车外表 （5）容易折断保杆上旗杆和后视镜
手工洗车	（1）不伤漆面 （2）清洗没有死角 （3）车辆内部、内装有效清洁 （4）车辆玻璃不受污染 （5）可同时检查车辆是否受污染	（1）费时 （2）费用较高 （3）洗车地点较不易取得

主要功能：清洁车身、去除污染物。

施工方法：

（1）在水桶中倒入适量的中性清洁剂，再注入清水使其形成泡沫。

（2）用清洗机按车顶、前风窗玻璃、发动机罩、前保险杠、左车门玻璃、左侧车身、后风窗玻璃、行李舱盖、后保险杠、右车门玻璃、右侧车身的顺序冲水、润湿，如图3-28所示。

（3）在冲水润湿时，尽可能均匀，没有死角，必须冲掉较大的砂粒，以免清洗时伤及漆面，如图3-29所示。

◆ 图3-28 冲水

◆ 图3-29 冲水

（4）使用双用海绵的较细面沾泡沫和清洁剂，按冲水顺序清洗车身外表，如图3-30、图3-31所示。

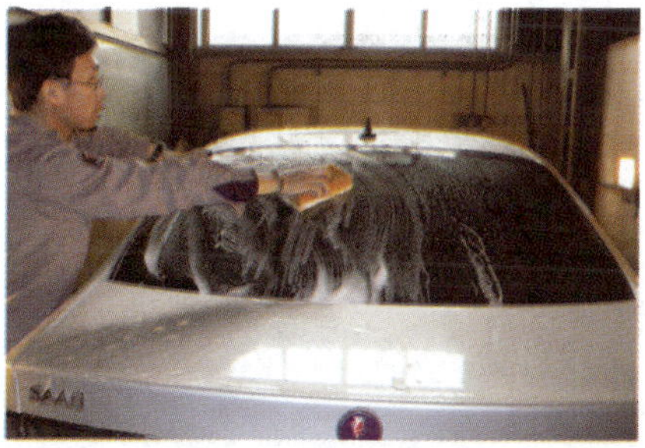
◆ 图3-30 清洗外表

◆ 图3-31 清洗侧面

（5）在清洁剂未干前，用清洗机按相同的顺序冲洗掉清洁剂，如图3-32所示。

◆ 图3-32 冲水

注意事项：

（1）必须选择软性的清洁剂，以免对环境造成污染，伤害车辆漆层。

（2）调和清洁剂时，必须注意均匀、完全溶解。

（3）清洗时必须先行冲水，把较大的砂粒冲掉后，再用清洁剂清洗，以免伤及漆面。

（4）清洗时必须由上而下、由左而右、建议流程如下：左车顶、右车顶、前风窗玻璃、发动机罩、前保险杠、左车门玻璃、左侧车身、后风窗玻璃、行李舱盖、后保险杠、右车门玻璃、右侧车身。

（5）如为单项美容，必须擦干车身内外水珠及清理地毯、吸尘。

七、干燥处理（第7项）

车辆在清洗完后，会有不少的水珠停留在车身内外，同时也会有不少的水分藏于汽车的夹缝中，例如外水切、把手、饰条、加油口盖、车灯和汽车的接缝中等。如果这些水分不做干燥处理，将会影响下一个美容步骤的进行，因这些水分可能会造成美容用蜡被稀释、不易上蜡、水痕、锈蚀、不易施工等不良影响。

主要工具与材料：吸水布、风枪。

主要功能：去除水分。

施工方法：

（1）先将吸水布润湿、清洗干净，如图3-33所示。

（2）用吸水布擦干车身外表，如图3-34所示，顺序如下：车顶、前风窗玻璃、

◆ 图3-33 清洗吸水布

◆ 图3-34 擦干

后风窗玻璃、发动机罩、左车门玻璃、左侧车身、行李舱盖、右车门玻璃、右侧车身、前保险杠、后保险杠。

（3）再用吸水布擦干车身内部漆面，如图3-35所示，顺序如下：左前门、左后门、右前门、右后门、发动机罩、车内部、行李舱盖。

（4）使用风枪吹干车身夹缝的多余水分，如图3-36所示，顺序如下：左把手、饰条、左后视镜、行李舱盖标志、左后转向灯、右后转向灯、右把手、饰条、右后视镜、左前转向灯、左前照灯、散热器外罩、右前照灯、右前转向灯。

（5）最后再使用吸水布擦干多余水分，如图3-37所示。

◆ 图3-35 擦干

◆ 图3-36 吹风清除多余水分

注意事项：

（1）吸水布应先润湿、清洗后再使用、干擦可能刮伤漆面。

（2）新车干燥处理时、可省下吸水布步骤，直接用风枪吹干。

（3）清洗车身外表如为单项美容时，可直接用吸水布擦干，省掉用风枪吹风。

（4）干燥处理须用风枪吹掉夹缝中多余水分，以免影响到美容的下一项目操作。

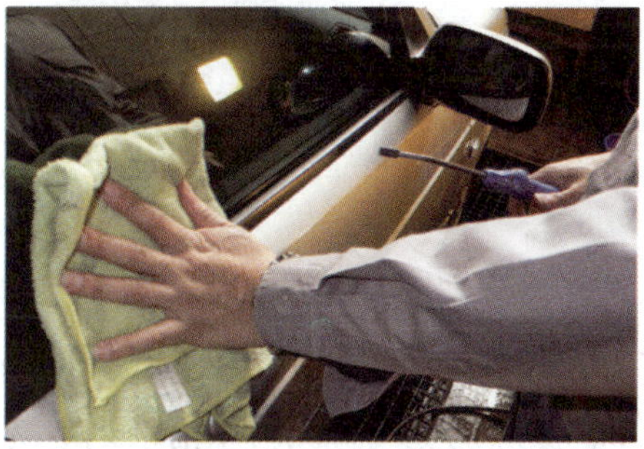

◆ 图3-37 擦干多余水分

3.2 涂层表面处理

一、检查（第8项）

车辆的车身外表、内饰都有不同的美容问题，而这些问题出现的区域也有所不同，所以解决的方式也有所差异。只有了解问题才能解决问题，因此检查主要是要帮助施工者发现问题，并且把问题记录下来，预先规划作业的项目及施工程序。美容问题对照见表3-3。

美容问题对照表 表3-3

项目 问题	发生区域	解决方式
酸雨痕	发动机罩、车顶、行李舱盖	痕迹较浅时打蜡处理，严重时须重新喷涂
表面污染	全车外表平面部分	使用黏土处理
小擦伤	前、后保险杠	打蜡处理、点漆
机器洗车刮痕	全车外表漆面	打蜡及镜面处理
柏油污染	左、右前叶子板、左、右前门、后保险杠	使用柏油清洁剂清洁
小刮痕	左侧车身、右侧车身	痕迹较浅时打蜡处理，严重时点漆或重新喷涂
鸟粪痕迹	全车外表平面部分	研磨、打蜡处理
漆面老旧	全车外表平面部分	痕迹较浅时打蜡处理，严重时重新喷涂
掉漆	发动机罩、左右前叶子板	用同颜色漆，把小石子打的洞填满
内装污染	门板、天花板、座椅、地毯	用软性清洁剂清洁
轮胎污染	四轮轮辋	用软性清洁剂清洁
垂流	全车侧面及有角度漆面	研磨、打蜡处理，严重时须重新喷涂
脏粒	全车外表漆面以平面较多	研磨、打蜡处理
橘皮	全车外表漆面以平面较多	打蜡及镜面处理
溶剂泡	全车外表漆面以平面较多	打蜡处理，严重时须重新喷涂
蜡点	全车外表漆面以平面较多	（1）用调好的面漆填平 （2）干燥后研磨 （3）打蜡处理 （4）严重时重新喷涂
塑胶件污染	前、后保险杠饰条，车身左右侧饰条	先用软性清洁剂清洁，再用塑胶件维护剂

二、黏土处理（第9项）

在检查中发现车身外表没有任何损伤，但是用手触摸时感觉有许多的细小颗粒，附着于车辆漆层的上面，同时用清洁剂清洗无法去除时，而且又不想使用研磨剂（粗蜡）打蜡的方式来解决。此时可考虑使用汽车除污黏土来去除这些附着细小的污染物。

附着于漆层的细小污染物，其污染源主要来自于：汽车制动所产生的铁粉；排放废气中的氧化物、空气中的喷漆漆粉、鸟粪、柏油、树汁等。

主要工具与材料：黏土、水管、喷雾器。

主要功能：去除铁粉、喷漆、鸟粪、柏油、树汁等污物。

施工方法：

（1）洗车后，使用黏土配合水管或喷雾器一边洒水，一边使用黏土轻轻擦拭，如图3-38、图3-39所示。

（2）冬天使用时必须先用热水给黏土加温。

（3）如果黏土表面已经擦脏，将脏的部分折在里面，用干净的一面擦拭，如图3-40、图3-41所示。

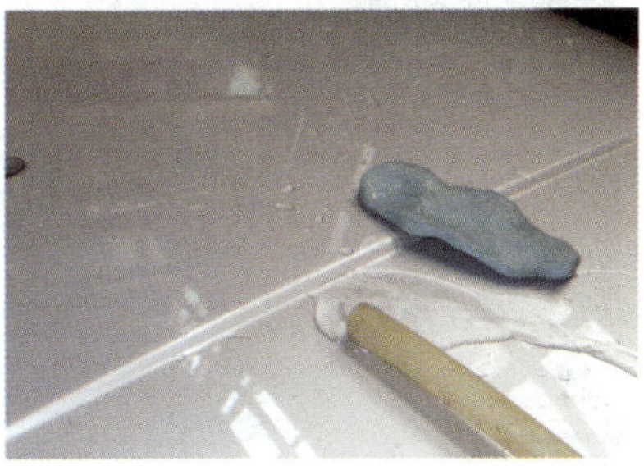

◆ 图3-38　黏土、水管

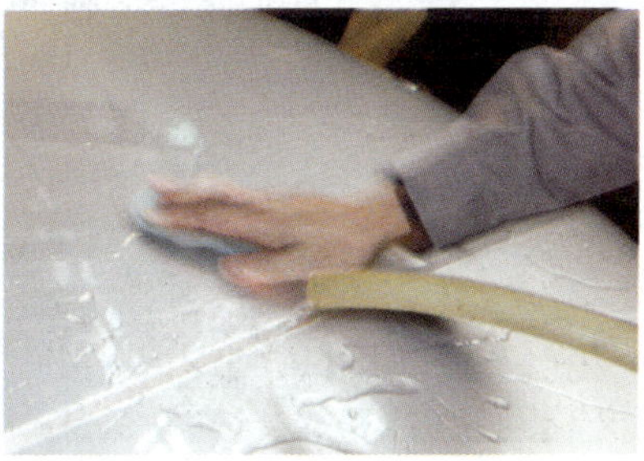

◆ 图3-39　清除车辆外表

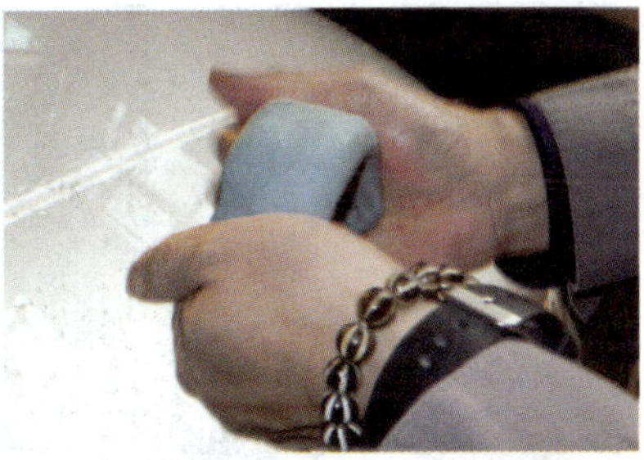

◆ 图3-40　将黏土翻面后再使用

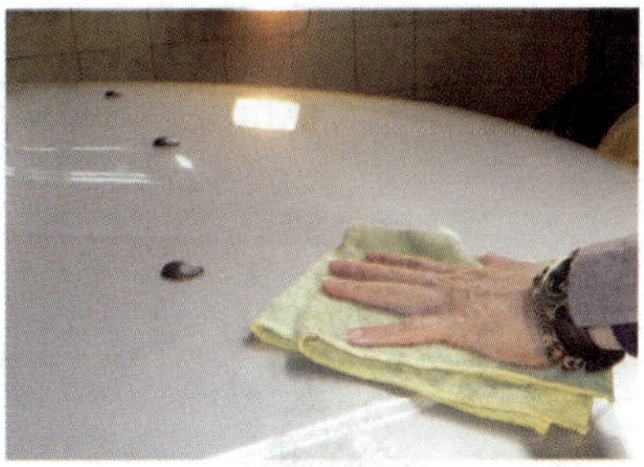

◆ 图3-41　清洁整理

注意事项：

（1）使用后应包装好，收在阴凉处。

（2）避免在风沙太大的场所操作，否则容易造成刮伤。

（3）不可在车体热时使用。

（4）黏土不慎掉在地上时，如泥沙无法消除干净，请勿再使用，否则容易造成刮伤。

（5）黏土处理如视为单项美容时，处理后必须给汽车上蜡维护。

三、柏油处理（第10项）

在清洗车身外表时常常会发现有许多小黑点附着于左前叶子板、右前叶子板、左前门、右前门、后保险杠两侧的下半部，同时不管你使用中性清洁剂如何清洗都不容易清洗掉。这些小黑点是车辆行驶于柏油路面上，因轮胎的转动溅起柏油粒附着于车上，尤其以下雨天和柏油路新铺时最为严重。柏油粒的清洁可使用柴油、煤油、去渍油、擦拭剂、松香水或柏油清洁剂等任何一种先喷于柏油粒上，等柏油粒软化再用棉纸布擦拭干净。

主要工具与材料：柏油清洁剂、棉纸布。

主要功能：去除柏油。

施工方法：

（1）检查车身外表被柏油粒污染，如图3-42所示。

（2）情况轻微时，只需将棉纸布用柏油清洁剂润湿，针对个别的柏油附着部位擦拭干净即可，如图3–43～图3–45所示。

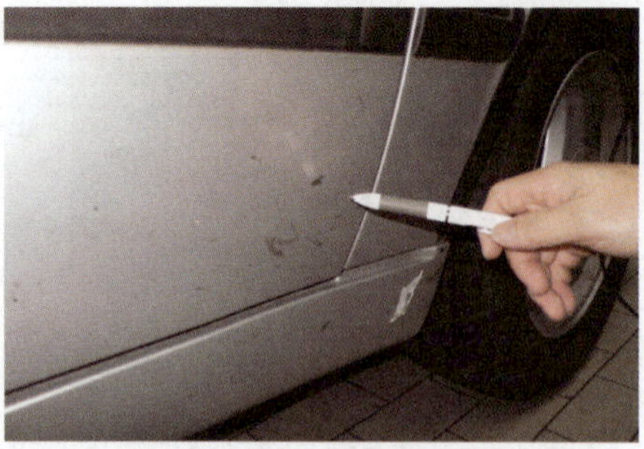

◆ 图3–42　检查

◆ 图3–43　润湿棉纸布

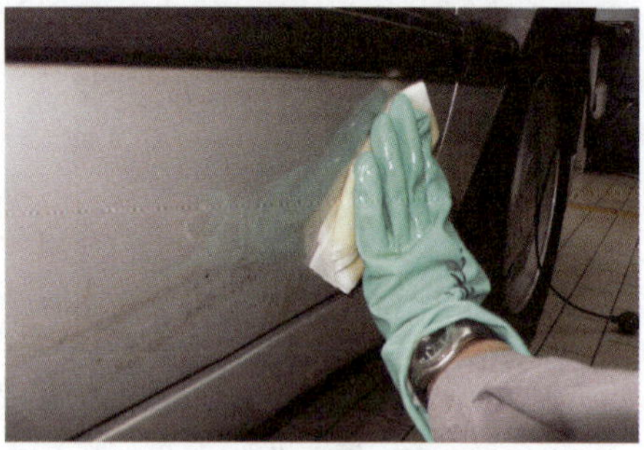

◆ 图3–44　润湿柏油

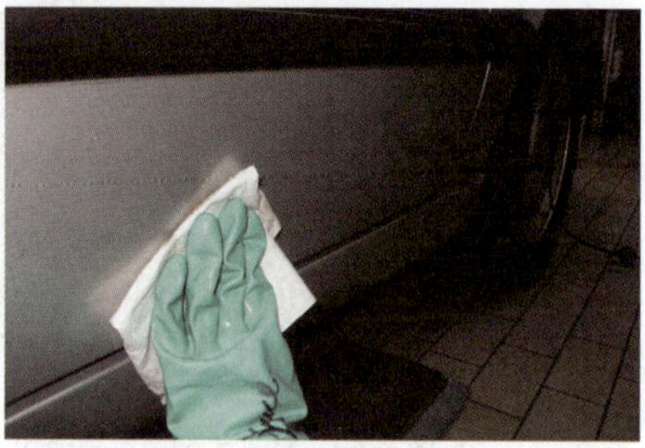

◆ 图3–45　清洁擦拭

（3）情况严重时须按左侧前保险杠、左前轮、左侧车身、左后轮、左侧后保险杆、右侧后保险杠、右后轮、右侧车身、右前轮、右侧前保险杠顺序用柏油清洁剂先行润湿，如图3–46～图3–48所示。

◆ 图3–46　使用喷涂润湿

◆ 图3–47　等待柏油软化

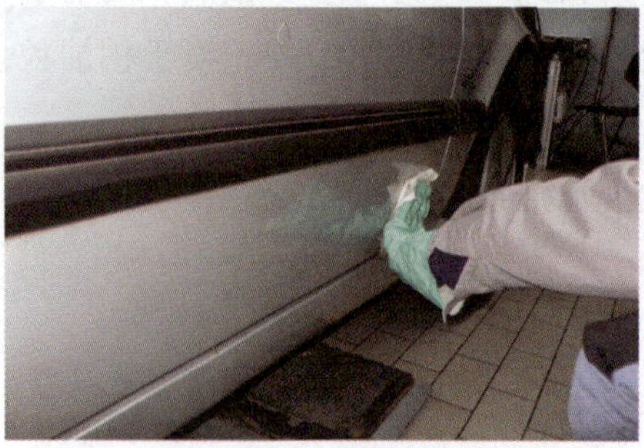

◆ 图3–48　清洁擦拭

（4）再按同样的顺序，用棉纸布擦拭干净。

（5）较大不易清除的柏油粒，可再次润湿，3min后再用棉纸布擦拭干净。

注意事项：

（1）使用柴油、煤油、去渍油、擦拭剂、松香水作为清洁剂时，必须在通风处操作。

（2）使用过的湿棉纸布，必须集中处理，以免影响环境。

（3）柏油粒如在浅色系漆面停留时间太久没有清理，会使漆面变黄。

（4）棉纸布使用时，可对折再对折以增加使用面积。

（5）清洁柏油粒时，必须有足够的润湿时间，使柏油粒软化，方便清除。

（6）润湿的时间约为绕着车身施工一圈，为3～5min。

（7）清除车身柏油粒时，必须同时也清除四个轮辋的柏油粒。

四、小刮痕处理（第11项）

汽车表面的小刮痕一般都不是在汽车行驶中所造成的，反而是汽车在静止时发生的概率比较大，因为发生交通事故造成的刮痕，大部分都十分严重。其形成的原因大致如下：

（1）汽车清洗时未先行冲水，而使清洗时较大的砂粒、污染物造成车身外表刮伤。

（2）将皮包、行李及其他物品，放于发动机罩、行李舱盖、车顶，而在移动拖行时造成的痕迹。

（3）停放于路边时被不明物体刮伤。

（4）人为的故意破坏。

不管是什么原因所造成的小刮痕，但是处理这些小刮伤的方式都是相同的，其处理的原理如图3-49所示。

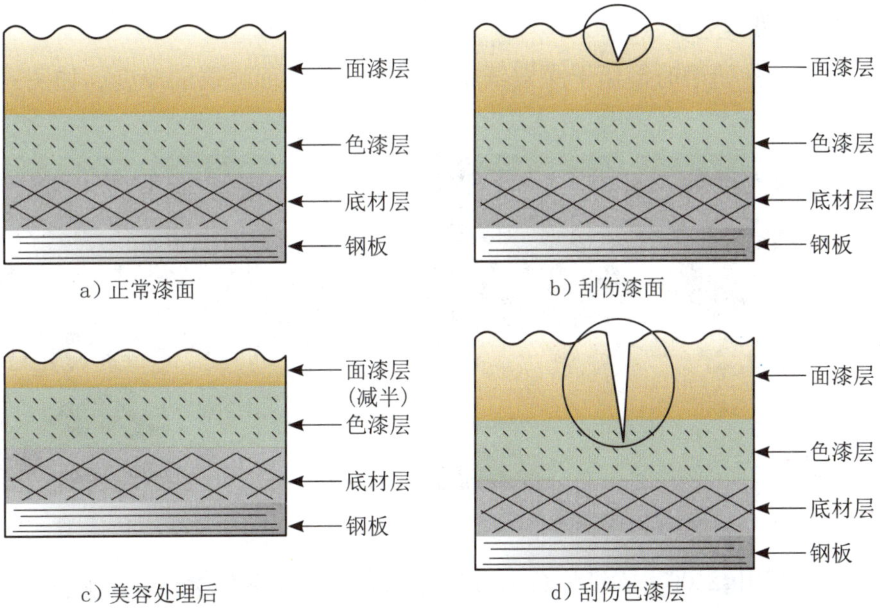

图3-49 刮痕处理原理

小刮伤美容处理只限于面漆层刮伤1/2深度为其极限，因用#1500、#2000的水砂纸做刮伤研磨时，会去除1/2的面漆层，接下来的打蜡处理又会再去除1/4的面漆层厚度，剩下的面漆层大约只有原本1/4的厚度，而这些面漆层厚度为保护色漆层的最低要求。

主要工具与材料：抛光机、粗蜡用海绵轮、中蜡用海绵轮、粗蜡、中蜡、水砂纸#1500、#2000、棉纸布。

主要功能：去除细微刮痕。

施工方法：

（1）检查车身外表刮伤区域，并判别为打蜡处理或点漆处理，如图3-50所示。

（2）使用小型压板和#1500水砂纸，配合沾湿的棉纸布研磨刮伤区域，如图3-51所示。

◆ 图3-50　检查

◆ 图3-51　水砂纸

（3）研磨刮伤痕迹时，不能一次到位，需分次慢慢研磨，以免研磨过度，伤及色漆层，如图3-52所示。

（4）分次研磨时需用干净棉纸布擦干净，检查面漆层的厚度，如图3-53所示。

◆ 图3-52　研磨

◆ 图3-53　检查

（5）使用#2000水砂纸配合沾湿的棉纸布，用手为研磨区域做修饰，可减低砂纸痕和减少打蜡时间，如图3-54所示。

（6）将棉纸布叠成长10cm、宽4cm的大小后，再折成为T字形，准备手推打蜡用，如图3-55所示。

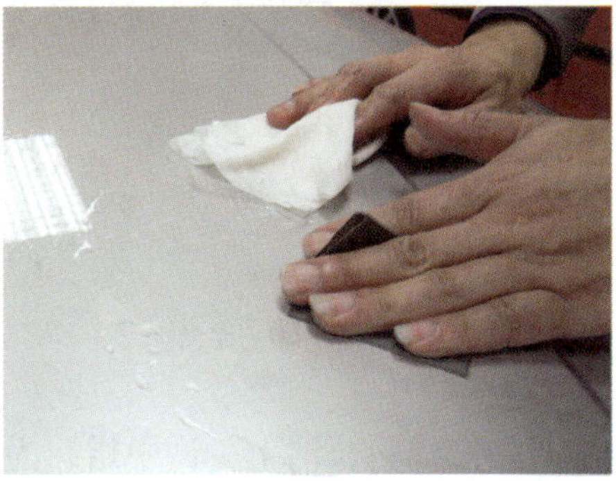
◆ 图3-54　研磨

◆ 图3-55　折纸

（7）用T字形棉纸布，沾上少许粗蜡，用手推打蜡研磨区域，至砂纸痕迹消除80%左右，如图3-56～图3-58所示。

◆ 图3-56　抹粗蜡

◆ 图3-57　手推粗蜡

◆ 图3-58　擦拭清洁

（8）使用1800～2000r/min抛光机，配合粗蜡用海绵轮，沾上少许粗蜡，为研磨区域做抛光处理，至砂纸痕迹消除95%左右，如图3-59、图3-60所示。

◆ 图3-59 抹粗蜡

◆ 图3-60 抛光

（9）使用1800～2000r/min抛光机，配合中蜡用海绵轮，沾上少许中蜡，为研磨区域做抛光处理，至砂纸痕迹和打蜡痕迹完全消失，如图3-61、图3-62所示。

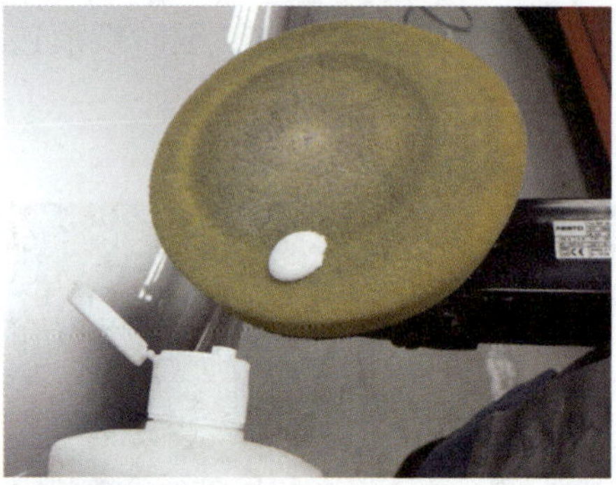

◆ 图3-61 抹中蜡

◆ 图3-62 抛光

（10）细蜡和美容蜡需等镜面处理时一起处理，如图3-63~图3-65 所示。

（11）如为单项美容时，需为研磨区域做细蜡处理，如图3-66~图3-68所示。

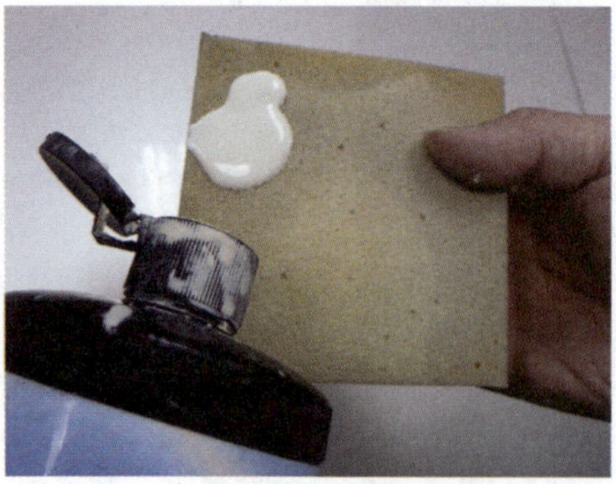

◆ 图3-63 抹细蜡

◆ 图3-64 抹细蜡

◆ 图3-65 抹细蜡完成

◆ 图3-66 抛光机和细蜡海绵轮

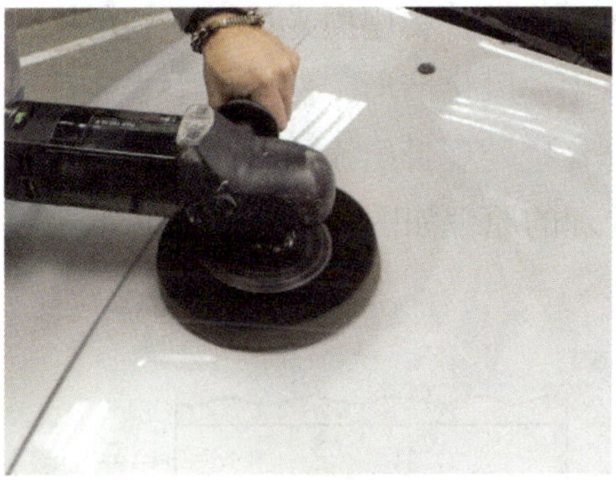

◆ 图3-67 抛光

◆ 图3-68 清洁

注意事项：

（1）先行用手推打蜡，可减少打蜡时间和砂纸痕迹。

（2）做砂纸研磨时，需用#1500水砂纸做刮痕研磨、#2000水砂纸做修饰。

（3）小刮痕处理时，刮痕不能超过面漆层。

（4）刮痕深度最好不超过面漆层的1/2厚度，如超过时也只能研磨至1/2时就必须停止。

（5）刮痕超过面漆层、深至色漆层、底材层时，需要做点漆处理。

（6）点漆处理需使用相同或相近的色漆来做点漆处理。

（7）粗蜡海绵轮、中蜡海绵轮及细蜡海绵轮需分开使用，不可混合使用。

（8）使用抛光机打蜡时，不可在同一点停留太久，易使钢板过热变形。

（9）使用抛光机打蜡时，需避开有角度区域，因角度区域十分容易见到色漆层。

（10）使用抛光机或手推打蜡时，蜡的用量应适中，太多时会造成污染和浪费，太少时会造成过热和无法去除砂纸痕。

（11）如为单项美容时程序为：研磨、手推打蜡、抛光机粗蜡、抛光机中蜡、细蜡、吹风、检查、交车。

五、漆面翻新处理（第12项）

漆面翻新处理一般又称镜面处理，处理的过程犹如魔术般，能将受损、老化和有细微刮痕的漆层表面，经过粗蜡、中蜡、细蜡的处理抛光后，能使车身外表漆面再一次恢复到新车的风采。

许多人会感到奇怪，我已经很妥善照顾我的爱车，为什么不能一直保持新车的状态。那是因为汽车跟着你上山下海，就如同人一样随着年龄的增长，皮肤外表会慢慢老化产生皱纹，不管你怎样保养，也只是缓慢老化的脚步而已。形成漆面老化，受损主要来自电脑自动洗车、不正确的手工洗车、上蜡留下的细痕、排气中的氧化物、路面上的污染物、大自然的力量、自然老化等。

漆面翻新处理的原理：将车身外表的漆面面漆层，利用抛光处理中的粗蜡处理时去除面漆层表面的污染源、细微痕迹和漆面老化、风化情形，然后做中蜡处理以消除粗蜡所留下的打蜡痕迹。最后再利用细蜡和美容蜡处理带出漆面的光泽，使得汽车外表漆面能再次恢复到新车的光彩。漆面翻新处理的原理如图3-69所示。

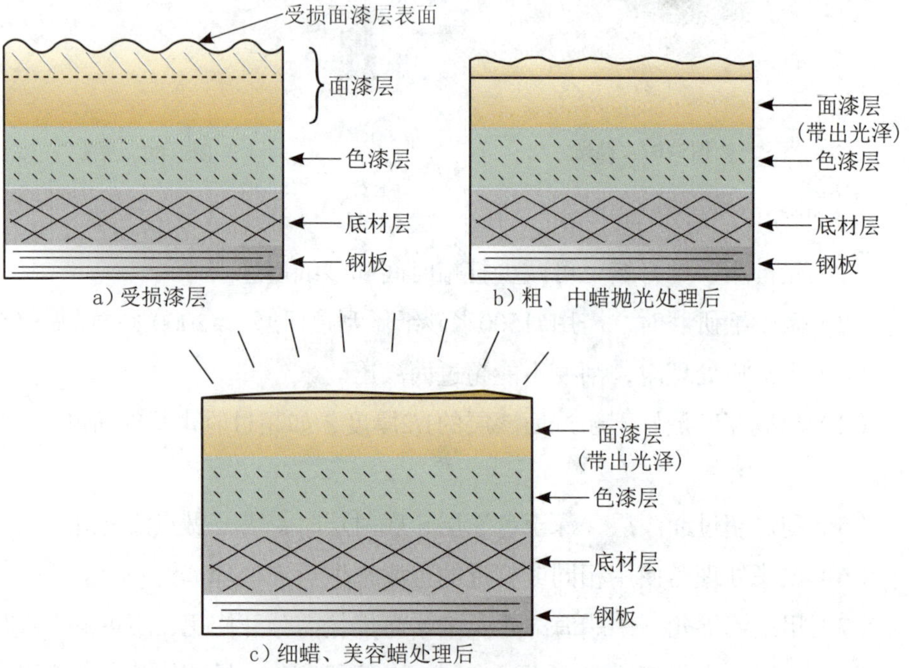

◆ 图3-69 漆面翻新处理的原理

主要工具与材料：抛光机、羊毛轮、海绵轮、粗蜡、中蜡、细蜡。

主要功能：镜面处理。

施工方法：

（1）检查受损情形、区域，并做好记录以方便施工，如图3-70所示。

（2）用单光纸为前、后风窗玻璃作防护处理，以减少抛光处理的污染，方便事后整理，如图3-71、图3-72所示。

图3-70　检查

图3-71　贴纸

图3-72　贴纸

（3）用1800～2200r/min抛光机，配合羊毛轮、粗蜡、整备做粗蜡处理。

（4）粗蜡处理时，先将粗蜡均匀、适量涂抹于羊毛轮上，如图3-73所示。

（5）将羊毛轮平贴于漆面上，左右移动抛光机，使粗蜡均匀涂抹于漆面上，如图3-74所示。

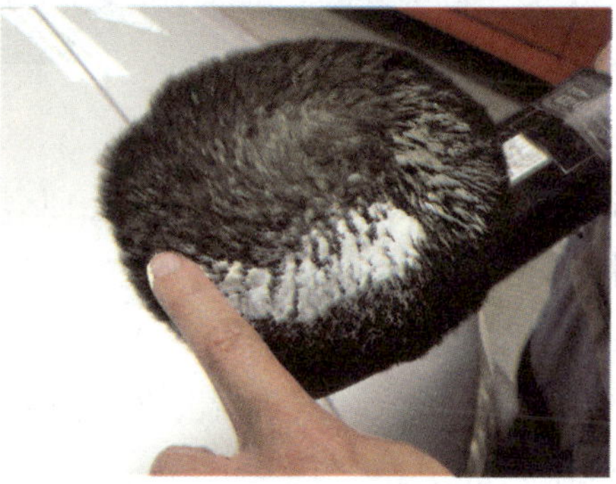

图3-73　抹粗蜡

图3-74　均匀粗蜡

（6）在羊毛轮平贴于打蜡区域后，打开抛光机开关开始抛光，如图3-75所示。

（7）抛光时需慢速左右移动，并目视施工区域，如一次不能消除受损痕迹时，可重复（4）、（5）、（6）、（7）步骤直到污染物、细微痕迹消失。

（8）全车需做粗蜡处理的区域为：车顶、发动机罩、行李舱盖、左侧车身上半部、右侧车身上半部和其他受损区域。

（9）中蜡处理时，需先换用海绵轮施工，并将中蜡均匀、适量涂抹于海绵轮上，如图3-76所示。

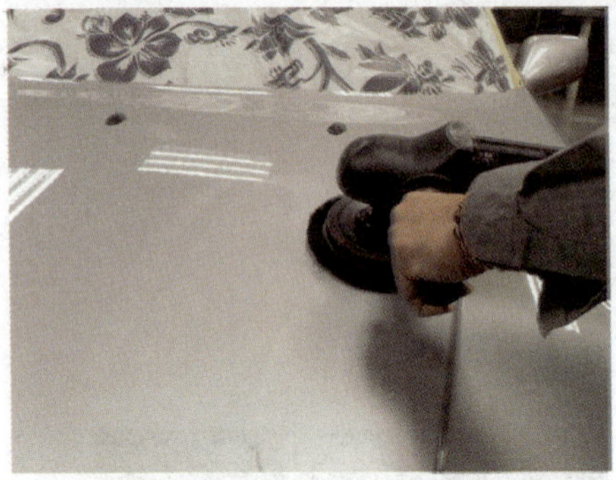

◆ 图3-75 抛光

◆ 图3-76 抹中蜡

（10）将海绵轮平贴于漆面上，左右移动抛光机，使中蜡均匀涂抹于漆面上，如图3-77所示。

（11）将海绵轮平贴于打蜡区域后，打开抛光机开关开始抛光操作，如图3-78所示。

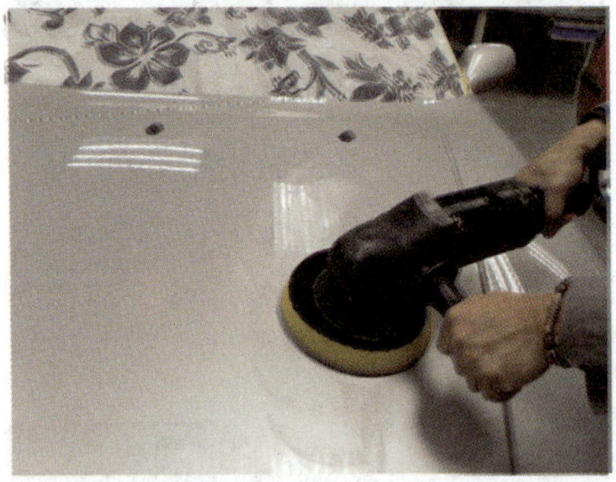

◆ 图3-77 均匀中蜡

◆ 图3-78 抛光

（12）抛光时需用比粗蜡抛光操作微快的速度左右移动抛光机，并观察施工区域。

（13）如一次未能消除粗蜡打蜡痕迹、漆面污染物时，可重复（9）、（10）、（11）、（12）步骤直到粗蜡痕迹消除。

（14）全车需做中蜡处理的区域为：车顶、发动机罩、行李舱盖、左侧车身、右侧车身、前保险杠平面区域、后保险杠平面区域。

（15）为全车外表吹风，清洁粗蜡、中蜡处理后残留下的污染物，如图3-79所示。

（16）均匀的为全车外表上细蜡，并避开漆面以外的地方，如图3-80、图3-81所示。

（17）使用1800～2200r/min抛光机，配合细蜡用海绵轮，为车身外表作细蜡抛光处理，如图3-82、图3-83所示。

（18）细蜡处理时，需将海绵轮平贴于漆面上，开启抛光机开关后，轻轻左右移动抛光机带出漆面光泽。

（19）剩余未能完全清除的细蜡，可用棉纸布对折擦拭干净，如图3-84所示。

（20）如为单项美容时，需再为全车身上一次美容蜡，同细蜡处理方式一样为汽车做美容蜡处理，交车。

（21）拆除前、后风窗玻璃的防护，准备下一项美容操作，如图3-85、图3-86所示。

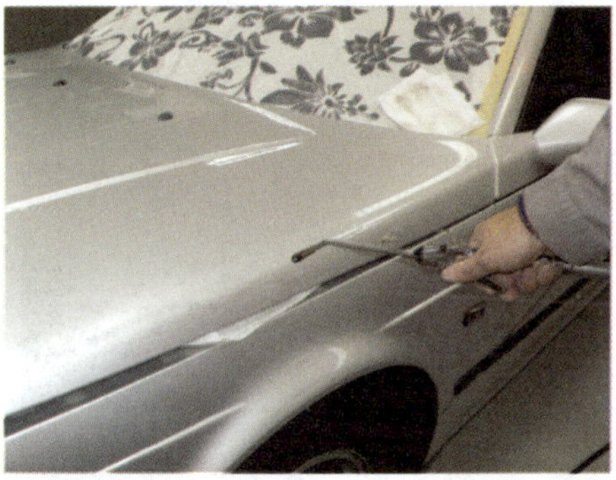

◆ 图3-79　吹风

◆ 图3-80　抹细蜡

◆ 图3-81　涂细蜡

◆ 图3-82　细蜡抛光

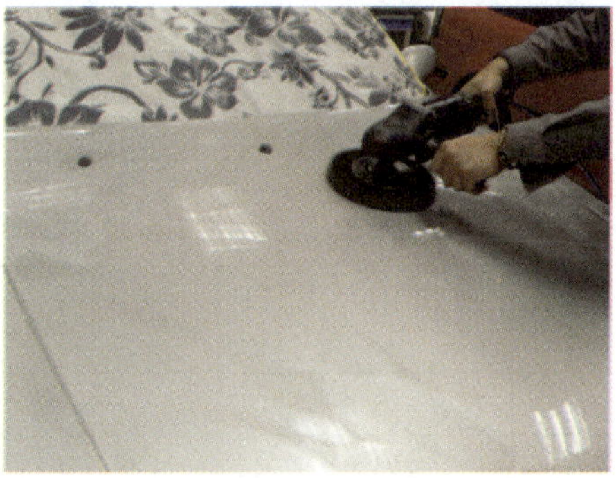

◆ 图3-83　细蜡抛光

◆ 图3-84　清洁

注意事项：

（1）镜面处理时需粗蜡处理完后，再进行中蜡处理、细蜡处理。

（2）为前、后风窗玻璃作防护时，需把单光纸延伸至发动机罩内和行李舱盖内，可减少清洁时间。

（3）镜面处理时的粗蜡抛光处理，选用羊毛轮可增加切削力，缩短抛光时间。

（4）使用抛光机打蜡时，不可在同一点停留太久，易使钢板过热变形。

（5）使用抛光机打蜡时，需避开有角度区域，因角度区域十分容易见到色漆层。

（6）全车镜面处理时，车顶、发动机罩、行李舱盖为重点处理区域。

（7）角度区域、面漆层如有受损时，可以用棉纸布手推打蜡处理。

（8）镜面处理为美容项目中最耗费时间和体力的美容操作，决不可在后半段草草结束。

◆ 图3-85 拆纸

◆ 图3-86 完成

六、酸雨痕迹处理（第13项）

在化学的定义上水的pH值等于7时为中性水，pH值大于7时为碱性，pH值小于7时为酸性。由于大气中含有大量的二氧化碳，因此雨水一般都带酸性，其pH值大约为5.6，但是如果再加上来自大自然和人为的致酸物质，可使雨水的pH值变化介于4.9～6.5之间。在中国台湾地区雨水受人为的影响，其pH值平均为5.5左右，见表3-4、表3-5所示。

各种溶液酸碱度比较 表3-4

1	2	3	4～5	5～6.5	7	8.5～9	10～11	12	13	14
酸性电解液	柠檬汁	醋	酸雨	正常雨水	蒸馏水	苏打水		氨水		碱性电解液

中国台湾地区雨水pH值 表3-5

年份＼区域	基隆	台北	台中	高雄
2001	4.6	4.9	5.4	5.7
2002	4.9	5.1	5.6	5.8
2003	4.5	5.3	5.7	5.9
2004	4.7	5.2	5.8	5.8
2005	4.5	5.2	5.7	5.7

所谓的酸雨痕迹，是直径约为0.5cm呈现不规则近似圆形的水渍痕迹，而且均匀密布于车身外表的车顶、发动机罩、行李舱盖等平面漆面上。一般的洗车清洁、细蜡处理无法消除，用手触摸时可轻微感觉有下凹情形。

酸雨痕迹的形成原因为：长期将车辆停放于室外，在下雨过后，雨水形成水滴附着于车身外表的平面漆面上，雨水本身的酸性结合车身外表的污染物，如不立刻清除，在太阳的作用加温下，使得水滴形成凸透镜原理，在酸性雨水下对漆面造成伤害，等到雨水蒸发后，其酸性物质便残留于漆面上，形成水渍痕迹。如果汽车没有移动、清洗外表，继续停留在同一地点，重复几次的雨天、晴天、雨天、晴天的变化，雨水便会对漆面造成伤害，而在漆面上留下酸雨痕迹。

酸雨痕迹处理原理：将车身外表的面漆层，利用抛光处理中的粗蜡处理去除面漆层表面酸雨痕迹，如果痕迹太深时可用#2000水砂纸研磨后，再次作粗蜡处理抛光，然后做中蜡处理以消除粗蜡所留下的打蜡痕迹，最后再利用细蜡和美容蜡处理带出漆面光泽。和镜面处理的方式极为相同，但一般都只处理车顶、发动机罩、行李舱盖等平面漆面，同时也都以单项美容方式操作。

主要工具与材料：抛光机、羊毛轮、海绵轮、粗蜡、中蜡、细蜡、#2000水砂纸、棉纸布。

主要功能：消除酸雨痕迹、镜面处理。

施工方法：

（1）检查车顶、发动机罩、行李舱盖受酸雨侵蚀的情形，如面漆层受损严重，超过面漆层厚度时，建议考虑重新喷涂，如图3-87所示。

（2）用单光纸为前风窗玻璃、后风窗玻璃作防护，并使单光纸延展至发动机罩内和行李舱盖内，如图3-88所示。

◆ 图3-87 检查

◆ 图3-88 贴纸

（3）使用1800～2200r/min抛光机配合羊毛轮作消除酸雨痕迹打蜡准备，并按车顶、发动机罩、行李舱盖的顺序操作抛光。

（4）抛光时将适量粗蜡均匀涂抹于羊毛轮上，如图3-89所示。

（5）将羊毛轮平贴于漆面上，左右移动抛光机，使粗蜡均匀涂抹于漆面上，如

图3-90所示。

◆ 图3-89　抹粗蜡

◆ 图3-90　均匀粗蜡

（6）将羊毛轮平贴于漆面上，开启抛光机开关，慢速左右移动抛光机，开始抛光操作，如图3-91所示。

（7）抛光操作采用小区域方式打蜡处理，并重复（4）、（5）、（6）步骤，直到整片车顶、发动机罩、行李舱盖抛光操作处理完毕。

（8）再次检查车顶、发动机罩、行李舱盖酸雨痕迹，如还有较深的酸雨痕迹，可用沾湿的棉纸布配合#2000水砂纸用手修饰酸雨痕迹。

（9）使用抛光机重复（4）、（5）、（6）步骤，去除剩余酸雨痕迹和水砂纸痕迹。

（10）中蜡处理时，需先换用海绵轮施工，并将中蜡均匀、适量涂抹于海绵轮上，如图3-92所示。

◆ 图3-91　抛光

◆ 图3-92　抹中蜡

（11）将海绵轮平贴于漆面上，左右移动抛光机，使中蜡均匀涂抹于漆面上，如图3-93所示。

（12）将海绵轮平贴于打蜡区域后，开启抛光机开关，开始抛光操作，如图3-94所示。

（13）抛光时需用比粗蜡抛光操作微快的速度左右移动，并注视施工区域。

（14）如一次未能消除粗蜡痕迹，可重复（11）、（12）、（13）、（14）步骤，直到粗蜡痕迹消除。

◆ 图3-93 均匀中蜡

◆ 图3-94 抛光

（15）为全车外表吹风，清洁粗蜡、中蜡处理后残留下的污染物，如图3-95所示。

（16）均匀的为车顶、发动机罩、行李舱盖涂抹细蜡并避开漆面以外的地方，如图3-96、图3-97所示。

（17）使用1800～2200r/min抛光机，配合细蜡用海绵轮为车顶、发动机罩、行李舱盖作细蜡抛光处理，如图3-98所示。

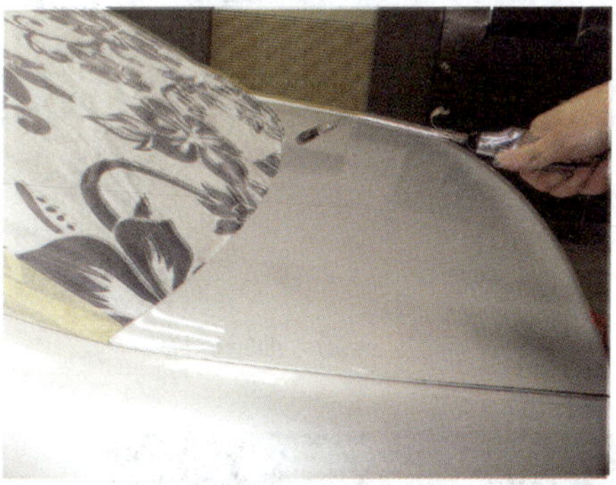

◆ 图3-95 吹风

◆ 图3-96 抹细蜡

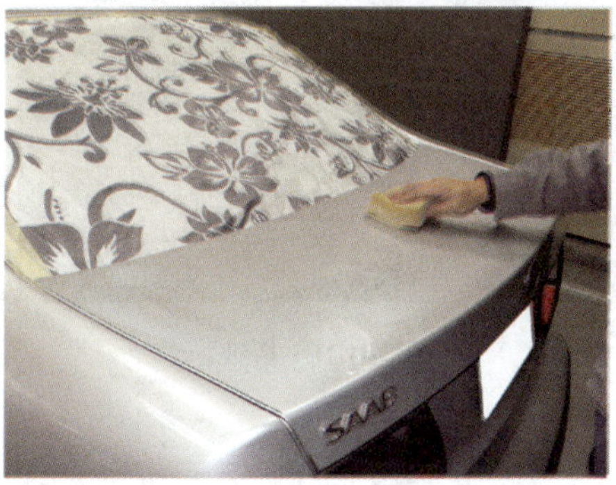

◆ 图3-97 涂细蜡

◆ 图3-98 细蜡抛光

（18）细蜡处理时，需将海绵轮平贴于漆面上，开启抛光机开关后，轻轻左右移动抛光机，带出漆面光泽，如图3-99所示。

（19）拆除前、后风窗玻璃的防护，准备下一项美容操作，如图3-100、图3-101所示。

（20）如为单项美容时，需再为全车身上美容蜡，整理内饰，交车，如图3-102所示。

◆ 图3-99 细蜡抛光

◆ 图3-100 清洁

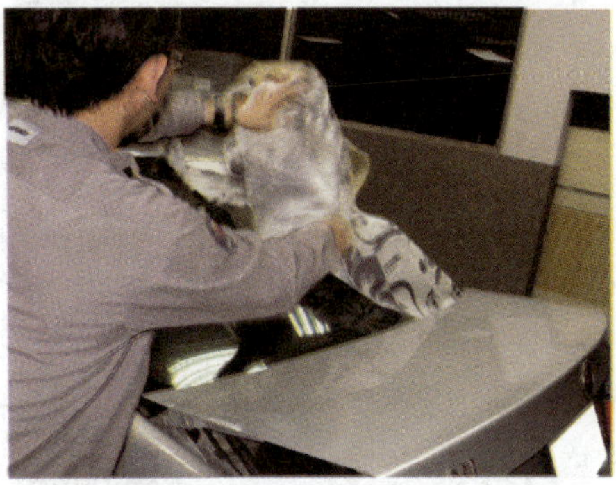

◆ 图3-101 拆纸

◆ 图3-102 完成

注意事项：

（1）酸雨痕迹如果太深，需重新喷涂。

（2）要保护爱车不受酸雨侵蚀，需在爱车淋雨后，立即清理或定期洗车清洁。

（3）水砂纸研磨时，尽可能不超过面漆层厚度，以免破坏面漆层的保护作用或见到色漆层。

（4）酸雨痕迹处理一般以处理车顶、发动机罩、行李舱盖为主，并大多为单项美容。

（5）大美容时，酸雨痕迹处理可并入漆面翻新处理项目一同处理。

（6）为前、后风窗玻璃作防护处理，需把单光纸延伸至发动机罩内和行李舱盖内，可减少清洁时间。

（7）使用羊毛轮做粗蜡处理，可增加切削力，缩短抛光时间。

（8）使用抛光机打蜡时，不能在同一点停留太久，否则易使钢板过热变形。

（9）使用抛光机打蜡时，需避开有角度区域，因角度区域十分容易见到色漆层。

（10）角度区域面漆层如有受损时，可以用棉纸布手推打蜡处理。

（11）酸雨痕迹处理主要以车顶、发动机罩、行李舱盖为主。

3.3 内饰清洁

一、顶棚清洁（第14项）

顶棚的污染和驾驶人的习惯有很大的关系，因95%的污染源都是来自车主、乘客和接触车辆的人，如技师。一般所见的污垢主要来自人们双手的触摸、头发的油垢，来自车外的灰尘和车内吸烟。尤其是以车内吸烟，对于汽车内的顶棚污源最为严重，因为它不但会把车内的顶棚熏黄，更为车内留下难以去除的异味。如果所受污染太严重，光靠清洗很难恢复到新车的情况时，建议找汽车装潢店把连同A、B、C柱和顶棚的绒布一起更新。对于顶棚的清洁一般都是使用中性清洁剂，均匀喷于污垢上，再用吸水布先行清洁，擦干后，再擦拭干净。如果遇到较不易清理的污垢时，可以使用双用海绵较粗的一面刷洗后再擦拭清洁。但是如果在清洗时喷中性清洁剂过量或刷洗太用力，很容易使绒布和天花板因脱胶而掉落凹陷。

主要工具与材料：中性清洁剂、双用海绵、水桶、吸水布。

主要功能：去除污垢。

施工方法：

（1）检查顶棚受污情况，如图3-103所示。

（2）使用中性清洁剂，按顺序均匀适量雾喷于左、右遮阳板、前室内灯、中室内灯、四门车顶内扶手及顶棚受污区域，如图3-104所示。

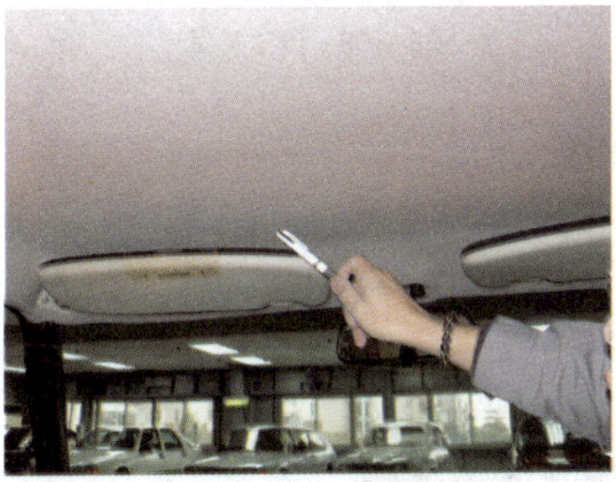

◆ 图3-103 检查

◆ 图3-104 喷中性清洁剂

（3）准备水桶、清水、吸水布及双用海绵以备清洁使用，这段时间使污垢充分软化，如图3-105所示。

（4）将吸水布清洁后拧干，再按顺序分次擦拭清洁污垢及清洁剂，如图3-106所示。

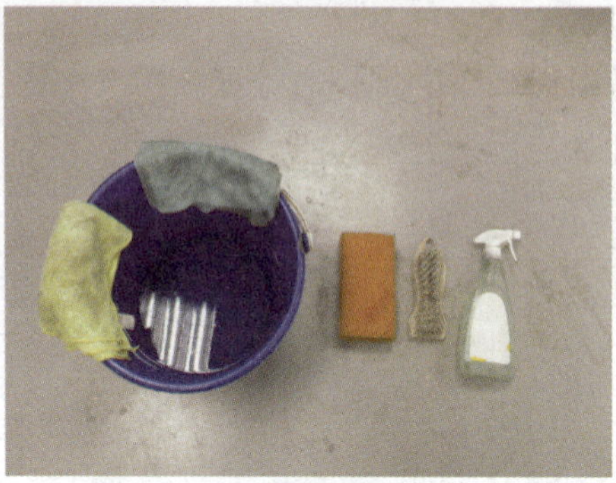

◆ 图3-105 清洁工具

◆ 图3-106 清洁擦拭

（5）再次检查受污区域，是否残留有较不易清洁的污垢。

（6）将中性清洁剂均匀、适量雾喷于尚未清理干净的区域。

（7）使用双用海绵较粗面，轻刷受污处，如图3-107所示。

（8）将吸水布清洁后，拧干擦拭清洁污垢及清洁剂，如图3-108所示。

（9）如果依然有残留污垢，可重复（5）、（6）、（7）、（8）步骤直到清除干净，如图3-109所示。

◆ 图3-107 刷洗

◆ 图3-108 清洁擦拭

◆ 图3-109 完成

注意事项：

（1）车内尽可能不要吸烟，以免造成车内污染及产生异味。

（2）清洁时需选用中性清洁剂，以免污染环境及清洁后的残留物对人体造成危害。

（3）顶棚绒布如被烟熏或老化太严重时，建议将天花板及A、B、C柱绒布一同换新。

（4）清洁、擦拭需选用吸水布，不能用一般毛巾，以防顶棚残留过多的水分。

（5）清洁顶棚时，不能喷太多清洁剂和太用力刷洗，否则会产生脱胶情形，使顶棚的绒布下陷。

（6）如遇不易清洁的污垢，可连续按喷清洁剂→刷洗→清洁擦拭的步骤施工。

（7）刷洗时不可一次太用力刷洗，需分次轻刷以免损伤。

二、A、B、C柱清洁（第15项）

A、B、C柱的清洁，可视为顶棚清洁美容项目的延伸，对于A柱和B柱，主要清洁双手触摸所留下的污垢，C柱则为清洁阅读灯和周围所留下的污垢，一般这些污垢都十分容易被清除。清洁时使用中性清洁剂，雾喷于受污处，等污垢软化后，再用吸水布清洁后拧干擦拭即可。

什么是A、B、C柱：

A柱是指前风窗玻璃两边和前车门中间的柱子，如图3-110所示；B柱为两门之间的门柱，如图3-111所示；C柱则为后风窗玻璃的左、右后叶子板的上半部，如图3-112所示。其主要的功能为支撑车体和乘客座的防撞钢梁。

◆ 图3-110　A柱

◆ 图3-111　B柱

◆ 图3-112　C柱

主要工具与材料：中性清洁剂、双用海绵、水桶、吸水布。

主要功能：去除污垢。

施工方法：

（1）检查A、B、C柱的受污处，如图3-113所示。

（2）使用中性清洁剂均匀、适量的雾喷于A、B、C柱受污处，如图3-114所示。

◆ 图3-113 检查

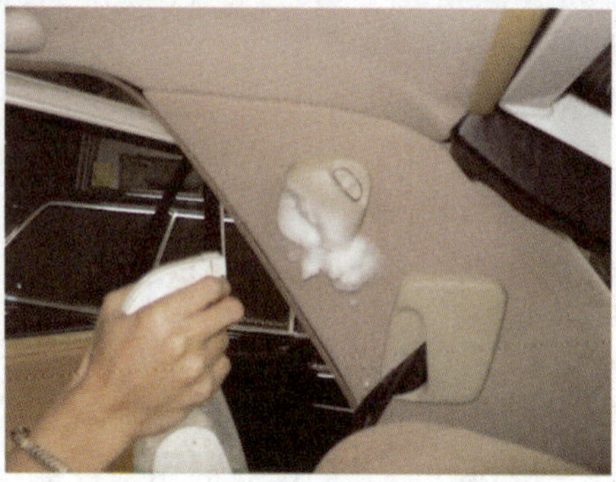

◆ 图3-114 喷中性清洁剂

（3）静置2~3min，等待污垢软化。

（4）使用吸水布清洁后，拧干擦拭清洁。

（5）如遇不易清洁的污垢，可用双用海绵较粗面轻轻刷洗，如图3-115所示。

（6）再次检查，如有未清洁的污垢，可重复（2）、（3）、（4）步骤，擦拭至干净为止，如图3-116、图3-117所示。

注意事项：

（1）清洁时需选用中性清洁剂，以免污染环境及清洁后的残留物对人体造成危害。

（2）清洁、擦拭需选用吸水布，不能用一般毛巾，以防残留过多的水分。

（3）刷洗时不可一次太用力刷洗，需分次轻刷以免损伤。

（4）清洁A、B柱时，如遇A、B柱漆面区域有污物时，需一同用吸水布擦拭干净。

◆ 图3-115 刷洗

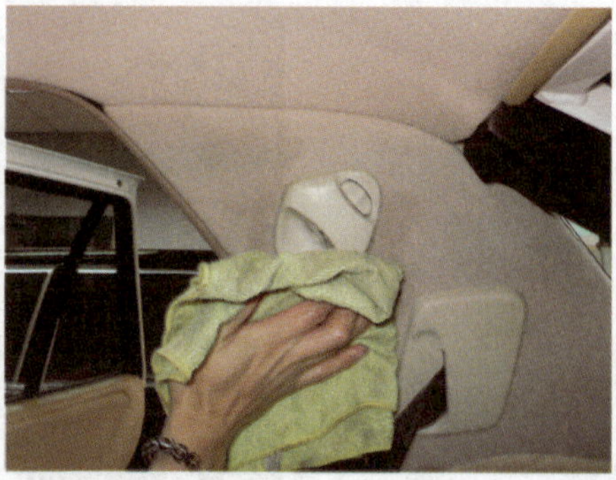

◆ 图3-116 擦拭清洁

图3-117　完成

三、仪表板清洁（第16项）

在清洁仪表板时，不能用中性清洁剂直接雾喷在仪表板上来做清洁，主要是因仪表板上有许多的电子化的零件，如：转速表、里程表、油量表、温度表、空调系统、音响系统、行车电脑系统、GPS卫星导航系统、点烟器和各种线路开关等，这些都是十分怕潮湿的电子产品，如果弄湿后极可能会发生系统性事故。清洁时先用风枪对仪表板吹风，可通过空气流动带走灰尘，接着再用中性清洁剂雾喷于吸水布上，擦拭受污处，清洁污垢，最后再将吸水布清洁后拧干，再清洁中性清洁剂及污垢。

主要工具与材料：仪表板清洁剂、双用海绵、水桶、吸水布、风枪。

主要功能：去除污垢、灰尘。

施工方法：

（1）检查仪表板的烟灰缸和其他区域受污情况，如图3-118所示。

（2）如果烟灰缸使用过，需取出烟灰缸，清洗后擦干装回，如图3-119～图3-121所示。

图3-118　检查

图3-119　取出烟灰缸

◆ 图3-120　清洗烟灰缸

◆ 图3-121　放回烟灰缸

（3）使用风枪先对仪表板大面积吹风清洁灰尘，吹风时需保持20cm距离，以免伤到零件，如图3-122所示。

（4）再次使用风枪，以较小风量对仪表板送风口、控制钮、线路开关等小零件吹风清洁，吹风时需保持10cm距离，以免伤到零件，如图3-123所示。

◆ 图3-122　吹风清洁

◆ 图3-123　局部吹风清洁

（5）清理小零件时，如遇较不易清除的污垢，可用小毛刷辅助风枪做清洁操作。

（6）将仪表板清洁剂或中性清洁剂适量喷于吸水布上，再用吸水布擦拭转向盘、换挡杆、换挡杆座和其他受污区域，如图3-124、图3-125所示。

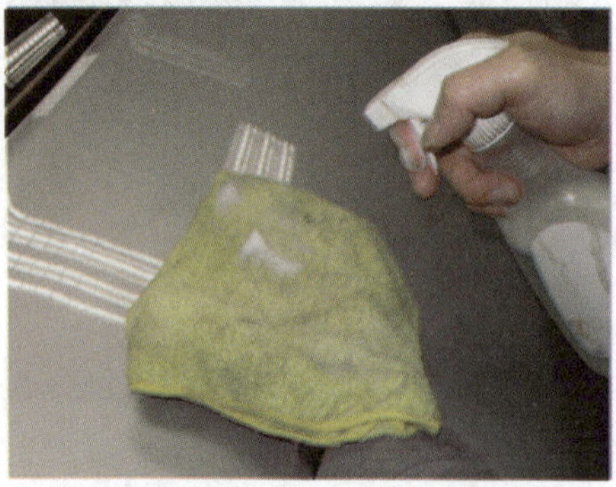

◆ 图3-124　喷中性清洁剂

◆ 图3-125　擦拭转向盘

（7）将吸水布清洁后拧干，擦拭转向盘、换挡杆、换挡杆座和受污区域，如图3–126所示。

（8）再检查仪表板，如有不易清除的污垢，可重复（6）、（7）步骤清洁，直到清洁干净，如图3–127所示。

◆ 图3–126 擦拭换挡杆座

◆ 图3–127 完成

注意事项：

（1）不能用中性清洁剂或仪表板清洁剂直接喷于仪表板上，否则会对仪表板的电脑和线路系统造成伤害。

（2）清洁仪表板污垢时，需将清洁剂先喷于吸水布上，然后擦拭清洁。

（3）仪表板的送风口、控制钮和线路开关可以利用小毛刷配合风枪来加强清洁效果。

（4）清洁仪表板时，需检查烟灰缸是否清洁。

（5）仪表板的储物箱和中央扶手处的储物箱，未经车主同意尽可能不要去翻动。

（6）吹风清洁时，风枪不可贴近仪表板，需有10～20cm距离。

（7）现在有许多仪表板、把手、开关、饰条等都使用软性胶膜涂层，必须特别注意不可以使用溶剂清洗。

四、座椅清洁（第17项）

目前汽车座椅大致可分为皮件式座椅和绒布式座椅两大类。由于中国人的喜好，近年来汽车座椅又以真皮座椅和人造革座椅居多，而绒布座椅反而只在特别订购时出现。汽车座椅的污染源分别来自双手的触摸、衣服上的污垢污染、在车内饮食的污染、放置物品上的污垢和其他污染。

污染对于真皮座椅和人造革座椅，会造成皮件表面慢慢地变黄变黑，而形成皮件毛细孔的堵塞，如果只是使用清水擦拭，而忽略使用皮革油维护的程序，会使座椅的皮件慢慢硬化、龟裂，而造成美观和触感上的不舒服。对于绒布座椅，这些污染源会慢慢的附着于座椅上，而形成污渍深入绒布座椅的深处。绒布座椅需要定期清洗，如时间允许，应2～3月清洗一次。如忽略绒布座椅的清洗，就像不洗衣服一样，假如汽车伴随了你3年，绒布座椅就像是衣服穿在身上3年，从未清洗一样。

皮件式座椅清洁时需将中性清洁剂，雾喷于座椅上，再用双面海绵较粗面刷洗受污处，接着用吸水布清洁后，擦拭真皮座椅和人造革座椅，待干燥后再为座椅抹上皮革油维护。绒布座椅的清洁和清洁衣服十分相似，将中性清洁剂直接雾喷于座椅，再使用长毛刷刷洗污垢，接着用吸水布清洁后，拧干擦拭清洁，但因座椅海绵有强烈的吸水性，因此清洗后必须再干燥处理。干燥处理可用电风扇吹风处理、自然阴干处理、除湿机处理、干布擦拭处理等。

主要工具和材料：中性清洁剂、双用海绵、水桶、吸水布、皮革油、绵纸布、长毛刷。

主要功能：去除污垢、皮件维护。

施工方法：

（1）皮件式汽车座椅维护时，如有椅套时，需取下后打包，以备送洗。

（2）检查座椅受污情况，选定清洁区域，如图3–128所示。

（3）将中性清洁剂均匀、适量的雾喷于受污区域，并静置2～3min，等待污垢软化，如图3–129所示。

（4）使用双用海绵的较粗面，轻轻刷洗受污区域，如图3–130所示。

（5）将吸水布清洁后，拧干擦拭清洁，如图3–131所示。

（6）再次检查座椅受污区域，如还有污垢未清洁干净，可重复（3）、（4）、（5）步骤直到清洁干净。

◆ 图3–128　检查真皮坐椅

◆ 图3–129　喷中性清洁剂

◆ 图3–130　用双用海绵刷洗

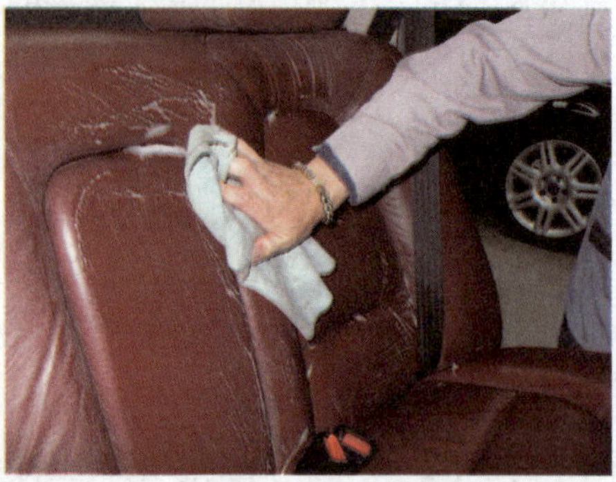

◆ 图3–131　清洁擦拭

（7）座椅清洁干净后，将皮革油倒在棉纸布上，均匀擦拭皮件式座椅，如图3–132所示。

（8）用干净的棉纸布对座椅作最后修饰，擦除多余过量的皮革油，如图3–133~图3–135所示。

（9）绒布式汽车座椅清洁时，如有椅套时，需取下后打包，以备送洗。

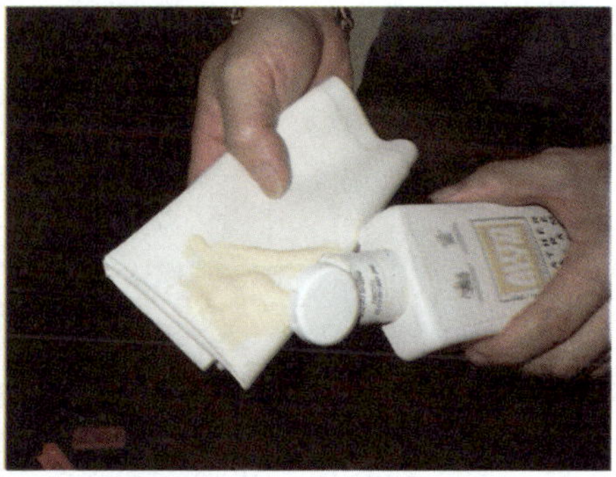

◆ 图3–132　使用皮革油润湿棉纸布

◆ 图3–133　擦拭皮革油

◆ 图3–134　清洁多余皮革油

◆ 图3–135　完成

（10）检查座椅受污情况，选定清洁区域，如图3–136所示。

（11）将中性清洁剂均匀、适量的雾喷于受污区域，并给予2 ~ 3min污垢软化时间，如图3–137所示。

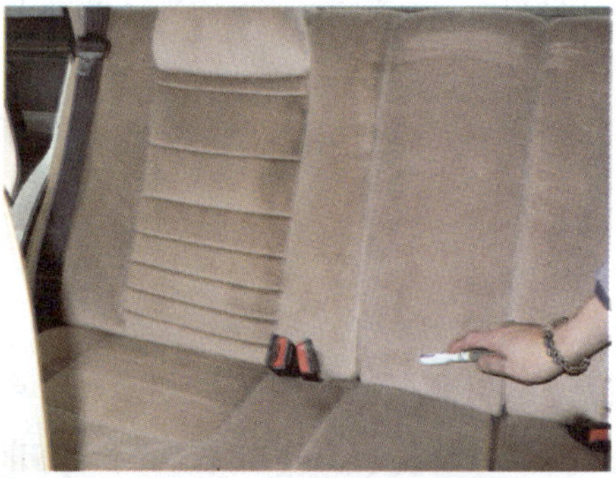

◆ 图3–136　检查绒布椅

◆ 图3–137　喷中性清洁剂

（12）使用长毛刷轻刷受污区域，如图3-138所示。

（13）将吸水布清洁后，拧干擦拭清洁，如图3-139所示。

（14）再次检查座椅受污区域，如还有污渍未清洁干净，可重复（11）、（12）、（13）步骤直到清洁干净，如图3-140所示。

（15）绒布座椅残留的水分，可在美容后用电风扇吹干、自然阴干或用除湿机去除水分。

◆ 图3-138　使用长毛刷刷洗

◆ 图3-139　清洁擦拭

注意事项：

（1）取下的椅套需收好，交给车主或替车主送洗。

（2）汽车座椅需2～3次清洁、维护操作。

（3）刷洗皮件式座椅时，需选用双用海绵轻刷，以免伤及皮件外皮漆层。

（4）绒布座椅清洁时，需选用长毛刷，以清洁深层污垢。

◆ 图3-140　完成

（5）刷洗真皮座椅，需轻刷以免伤及皮座椅。

（6）真皮座椅清洁后需使用皮革油维护。

（7）绒布座椅清洁时，因海绵的亲水性，会残留较多的水分，需做干燥处理。

（8）干燥处理时，水分较多时可用除湿机或电风扇吹干，水分较少时可让其自然阴干。

（9）清洁剂需选用中性清洁剂，以免污染环境及清洁后的残留物对人体造成危害。

五、车门板清洁（第18项）

汽车共有四个车门，自然也有四个车门板，车门板根据使用的程度不同，受污源的程度也不同，左前车门使用最频繁，自然受污也最严重，其次为右后门、右前门，最后为左后门。车门板的组合材料比较复杂，有核桃木、金属件、塑料件、橡胶件、皮件、开关按钮和音响喇叭系统等。而且每种不同的材质，都有不同的清洁方式，如果把每种材质分开个别清理，需花费不少时间，因此整合清洁操作，便显得十分重要，可节省时间和材料。

车门板的污染一般来自双手的触摸和上、下车时鞋子的碰触痕迹，其中以鞋子的痕迹最难清洁。清洁时先用中性清洁剂雾喷于车门板上，但需避开开关按钮和音响喇叭系统，等污垢软化后，将吸水布清洁后，拧干擦拭清洁，如有不易清洁的污垢可用双面海绵刷洗清洁。等清洁后再为个别材质维护。

主要工具与材料：中性清洁剂、双用海绵、水桶、吸水布。

主要功能：去除污垢。

施工方法：

（1）检查受污情况，选定清洁区域，如图3-141所示。

（2）将中性清洁剂均匀、适量的雾喷于车门板上，但需避开开关按钮和音响喇叭系统，如图3-142所示。

◆ 图3-141　检查

◆ 图3-142　喷中性清洁剂并避开音响系统

（3）给予2~3min污垢软化时间。

（4）将吸水布清洁后，拧干擦拭清洁喷涂中性清洁剂区域，如图3-143所示。

（5）直接使用拧干的吸水布擦拭清洁开关按钮和音响喇叭外盖，如图3-144所示。

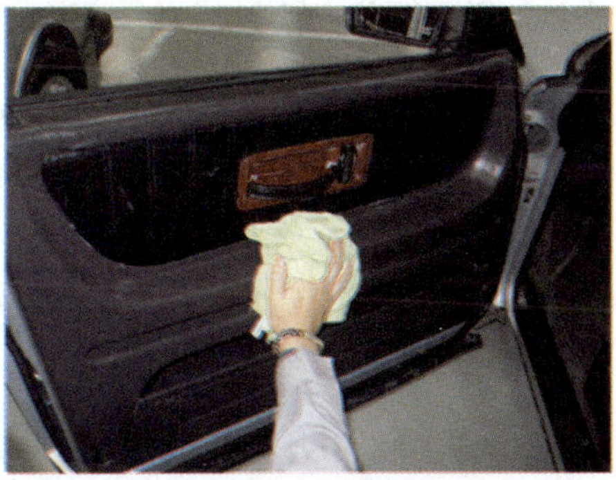

◆ 图3-143　清洁擦拭

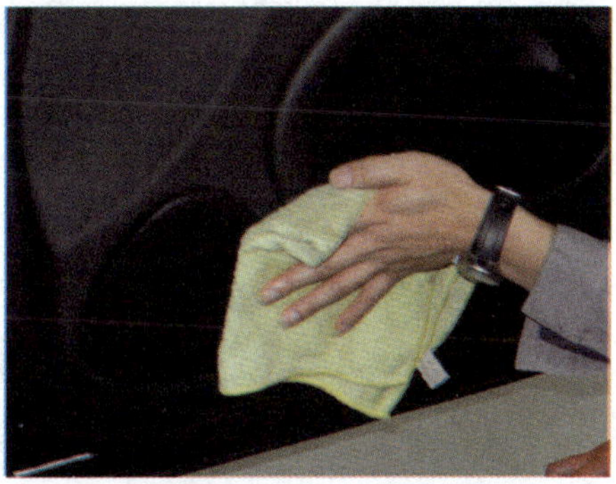

◆ 图3-144　用吸水布清洁喇叭盖

（6）再检查受污区域，一般车门板下半部鞋子碰触痕迹较难清洁。

（7）再使用中性清洁剂均匀、适量的雾喷于受污区域，如图3-145所示。

（8）使用双用海绵较粗面轻刷受污区域，如图3-146所示。

◆ 图3-145 再次为门板下半喷中性清洁剂

◆ 图3-146 刷洗

（9）使用清洁后拧干的吸水布擦拭受污区域，如图3-147所示。

（10）如污垢痕迹不易清洁时可重复（7）、（8）、（9）步骤直到清洁干净。

（11）清洁干净后，再用清洁后拧干的吸水布做全面性清洁擦拭。

（12）等车门板干燥后，先用棉纸布沾皮革油维护车门板皮件，如图3-148、图3-149所示。

（13）再用干净的棉纸布擦除多余皮革油，如图3-150所示。

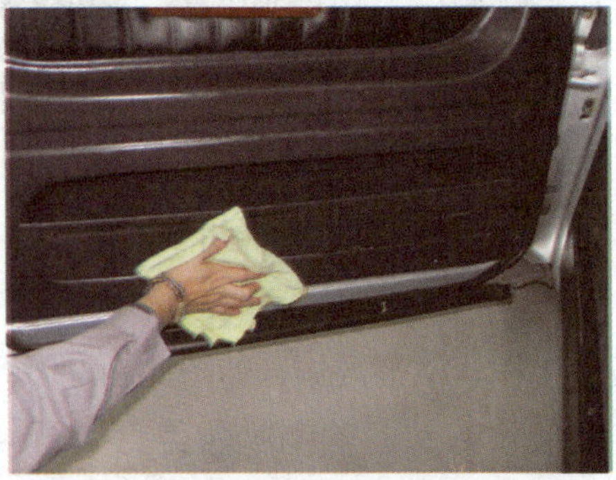

◆ 图3-147 清洁擦拭

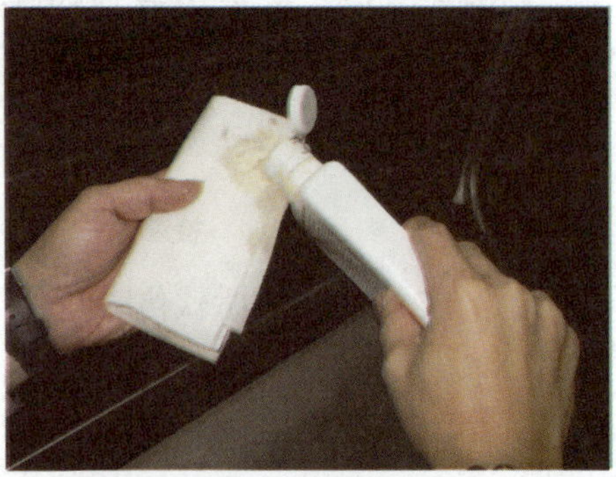

◆ 图3-148 用皮革油润湿棉纸布

◆ 图3-149 擦拭皮革油

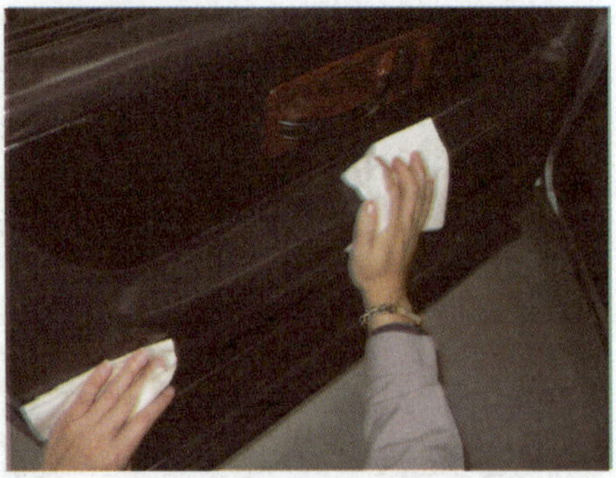

◆ 图3-150 擦拭多余皮革油

（14）塑料件和橡胶件则等第25项、第26项维护塑料件和橡胶件时一同维护。

（15）完成清洁，如图3-151所示。

◆ 图3-151 完成

注意事项：

（1）清洁剂需选用中性清洁剂，以免污染环境及清洁后的残留物对人体造成危害。

（2）用双用海绵刷洗时，需轻刷，不可太用力，以免伤及车门板下半部漆层。

（3）雾喷中性清洁剂时，需避开开关按钮和音响喇叭系统。

（4）开关按钮和喇叭外盖只需用擦拭过的吸水布擦拭清洁即可，因残留在吸水布的中性清洁剂就有清洁效果。

（5）因车门有各种不同的材料，清洁时需注意操作程序。

（6）各种不同的材质有不同的维护方式，真皮为皮革油，塑料件为塑料件维护剂，橡胶件为橡胶维护剂，人造革为塑胶维护剂。

（7）核桃木的维护，只需用中性清洁剂除去污垢，再擦拭干净即可。

六、地毯、脚踏垫清洁（第19项）

地毯和脚踏垫的主要污染源来自我们的鞋底，因此只要是鞋底接触过的地方，都有可能成为污染源，地毯和脚踏垫每天都会和鞋底接触，日积月累下来，已经变得十分肮脏，很难清洗。

清洁时需先将脚踏垫取出，用吸尘器为地毯和脚踏垫做吸尘处理，以消除大部分的粉尘，接着再用中性清洁剂和长毛刷为地毯和脚踏垫做清洁刷洗，最后再用清洁后的吸水布擦拭清洁。如果脚踏垫十分肮脏时，可考虑使用清洗机高压水枪冲洗，冲洗后再用风枪将大部分的水分去除，再拿到通风处吹风晾干，在交车前再将脚踏垫放回车中。

主要工具与材料：吸尘器、中性清洁剂、长毛刷、水桶、吸水布。

主要功能：清洁污垢、去除灰尘、油脂。

施工方法：

（1）先取出脚踏垫，再清理车上较大的垃圾，如图3-152所示。

（2）使用吸尘器吸尘，吸尘先从后座开始，将后座椅垫掀起，清洁座椅下的垃圾灰尘，再将左、右前座椅往前移，清洁后座地毯，最后将前座椅往后移到最后，清洁左、右前座地毯，如图3-153所示。

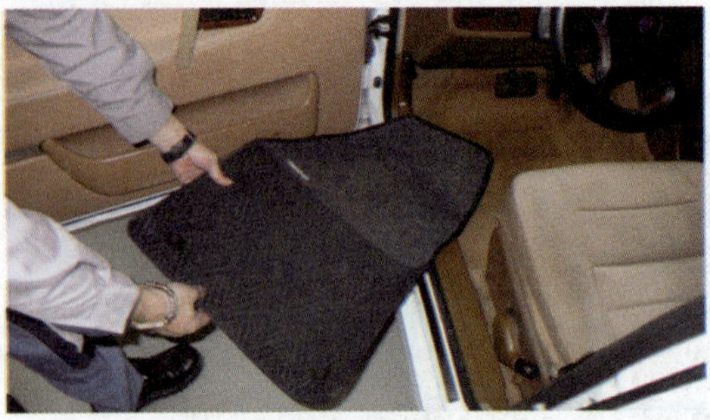

◆ 图3-152　取出脚踏垫

◆ 图3-153　车内吸尘

（3）先清洁脚踏垫，清洁时先吸尘，再将中性清洁剂均匀的雾喷于脚踏垫上，并给予2～3min污垢软化时间，如图3-154、图3-155所示。

◆ 图3-154　吸尘

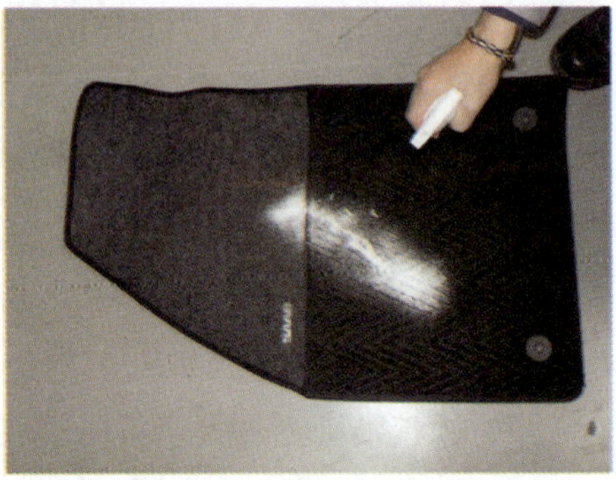

◆ 图3-155　喷中性清洁剂

（4）用长毛刷刷洗清洁脚踏垫污垢，如图3-156所示。

（5）将吸水布清洁后，拧干擦拭，如图3-157所示。

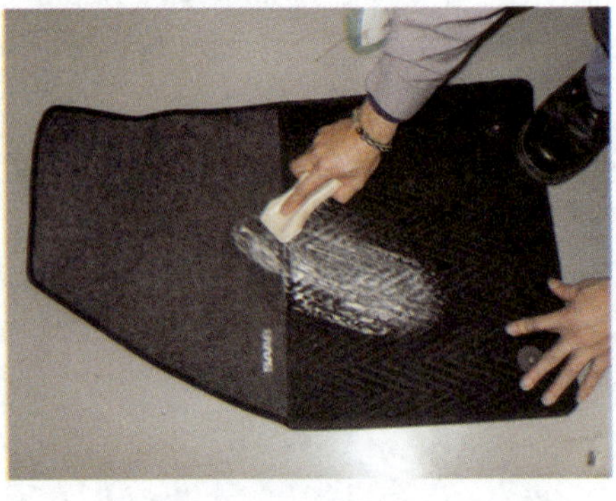

◆ 图3-156　刷洗

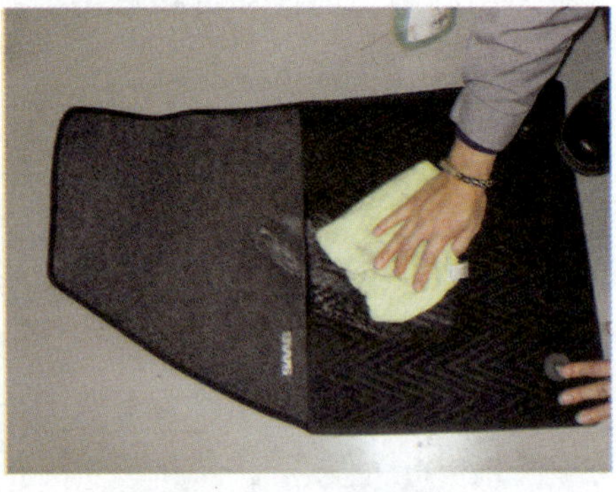

◆ 图3-157　清洁擦拭

（6）如果脚踏垫污垢不易清洗时，可再雾喷中性清洁剂，并给予2～3min软化时间，再用清洗机水枪冲洗，如图3-158、图3-159所示。

◆ 图3-158　喷中性清洁剂

◆ 图3-159　冲水

（7）冲洗干净的脚踏垫可用风枪去除大量的水分后，再挂在通风处晾干，如图3-160、图3-161所示。

（8）清洁地毯时先检查受污区域，如图3-162所示。

（9）将中性清洁剂均匀、适量的雾喷于地毯受污处，并给予2～3min污垢软化时间，如图3-163所示。

◆ 图3-160　吹风去除多余水分

◆ 图3-161　晾干

◆ 图3-162　检查地毯

◆ 图3-163　喷中性清洁剂

（10）用长毛刷刷洗受污处，如图3-164所示。

（11）将吸水布清洁后，拧干擦拭受污处，如图3-165所示。

（12）再检查地毯，如有不易清洁的污垢，可重复（9）、（10）、（11）步骤直到清洁为止。

◆ 图3-164 刷洗

◆ 图3-165 清洁擦拭

（13）清洁四门的地毯压板，清洁时先将中性清洁剂均匀的雾喷于地毯压板上，并给予2～3min污垢软化时间，如图3-166所示。

（14）使用长毛刷刷洗地毯压板，如图3-167所示。

（15）将吸水布清洁后，拧干擦拭清洁，如图3-168所示。

（16）最后清洁左、右侧裙上护板。

（17）清洁时先将中性清洁剂均匀的雾喷于上护板上，并给予2～3min污垢软化时间，如图3-169所示。

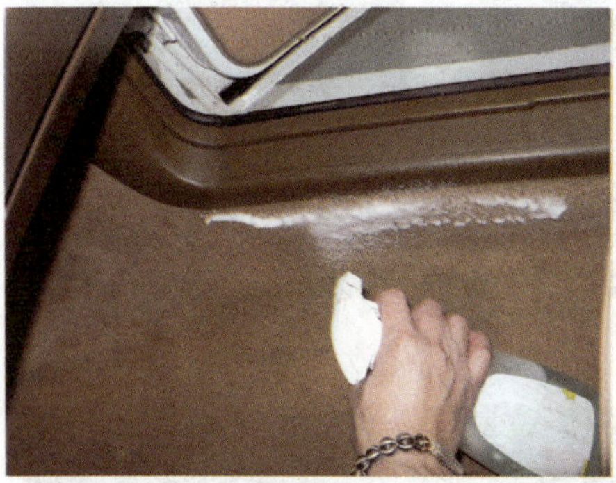

◆ 图3-166 喷中性清洁剂于地毯压板

◆ 图3-167 刷洗

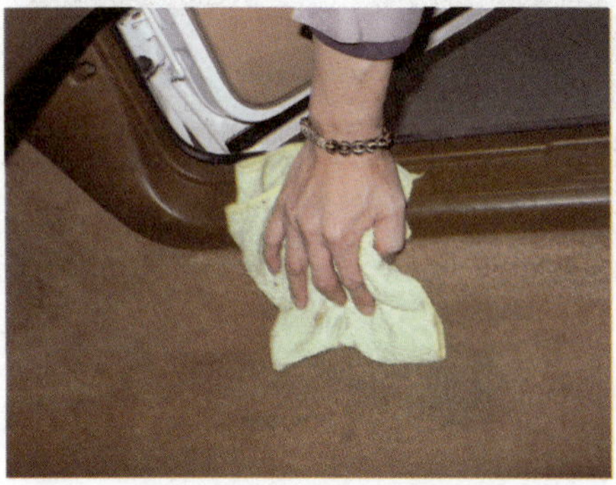

◆ 图3-168 清洁擦拭

◆ 图3-169 在护板上喷中性清洁剂

（18）用长毛刷刷洗上护板，如图3-170所示。

（19）将吸水布清洁后，拧干擦拭清洁，如图3–171所示。

◆ 图3–170 刷洗

◆ 图3–171 清洁擦拭

（20）再检查地毯压板和左、右侧裙上护板，如有污垢时可再喷中性清洁剂，再刷洗清洁。

（21）地毯残留的水分可和绒布座椅一同做干燥处理。

（22）干燥处理可在美容后用电风扇吹干、自然阴干或用除湿机去除水分。完成清洁，如图3–172所示。

◆ 图3–172 完成

注意事项：

（1）干燥处理时，水分较多时可用除湿机或电风扇吹干，水分较少时可让其自然阴干。

（2）清洁剂需选用中性清洁剂，以免污染环境及清洁后的残留物对人体造成危害。

（3）清洁地毯时应避免残留过多的水分和清洁剂。

（4）清洁地毯吸尘时，应对座椅下的地毯做吸尘操作。

（5）脚踏垫太脏不易清理时，可用清洗机冲水清洗。

（6）脚踏垫晾干时，放置需平整，以免变形。

（7）清洁地毯时，需连地毯压板和左、右侧裙上护板一同清洁。

七、行李舱清洁（第20项）

行李舱的主要功能是载运行李、物品、随车工具和备胎。但是很多人都不明白如何使用，往往把行李舱当储藏室使用。平时把带上车的物品往座椅和地毯放置，造成不必要的污染。行李舱平时除了随车工具和备胎外其余物品尽可能不要放置，因物品的质量会增加耗油量，物品的体积会使车内、行李舱看起来相当杂乱，物品的气味会残留于车内，同时太多物品也会引起车内杂声、异响。因此对于行李舱的清洁，是预防重于清洁。

行李舱清洁时，需将行李舱护板取出，用吸尘器作吸尘处理，并检查受污区域，将清洁剂喷于受污区域后，用长毛刷刷洗干净，再用清洁后的吸水布，拧干擦拭清洁，同时把行李舱护板放回。

主要工具与材料：吸尘器、中性清洁剂、长毛刷、水桶、吸水布。

主要功能：清洁污垢，去除灰尘油脂。

施工方法：

（1）清洁时先取出行李舱护板，如图3–173所示。

（2）使用吸尘器为行李舱和护板做吸尘处理，如图3–174所示。

（3）检查行李舱、护板和备胎放置区受污情况，如图3–175所示。

（4）将中性清洁剂均匀、适量的雾喷于受污区域，并给予2～3min污垢软化时间，如图3–176所示。

◆ 图3–173 取出护板

◆ 图3–174 吸尘

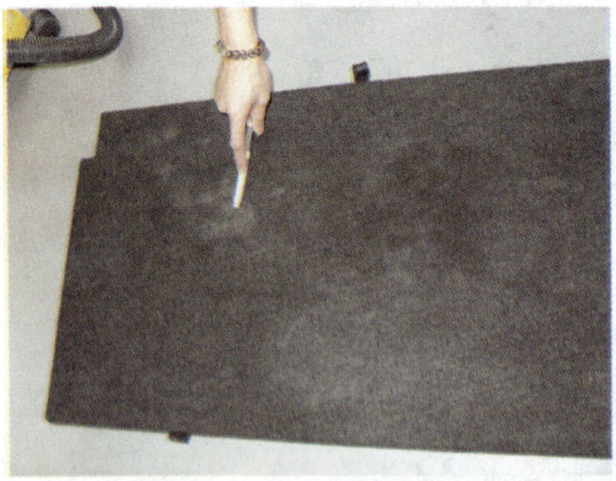

◆ 图3–175 检查护板

◆ 图3–176 喷中性清洁剂

（5）使用长毛刷刷洗受污处，如图3–177所示。

（6）将吸水布清洁后，拧干擦拭清洁受污处，如图3–178所示。

（7）再检查行李舱，如有未清洁干净之处，可重复（4）、（5）、（6）步骤直到完全清洁为止，如图3–179～图3–182所示。

（8）将备胎、行李舱护板、三脚架和随车工具放回行李舱原处，如图3–183、图3–184所示（三脚架、备胎和随车工具在第1项操作程序时已取出）。

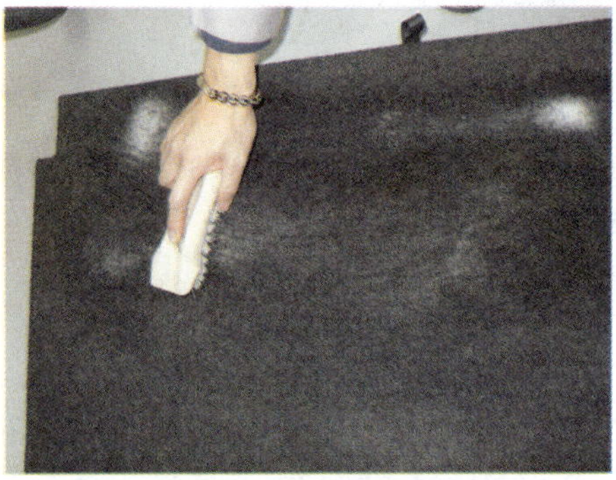

◆ 图3-177　刷洗

◆ 图3-178　清洁擦拭

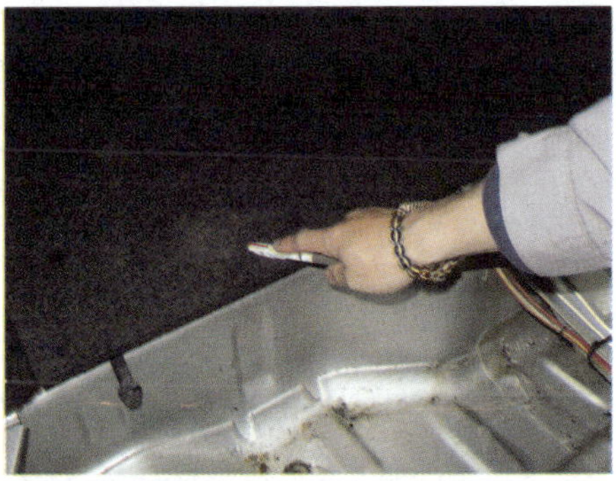

◆ 图3-179　检查行李舱

◆ 图3-180　喷中性清洁剂

◆ 图3-181　刷洗

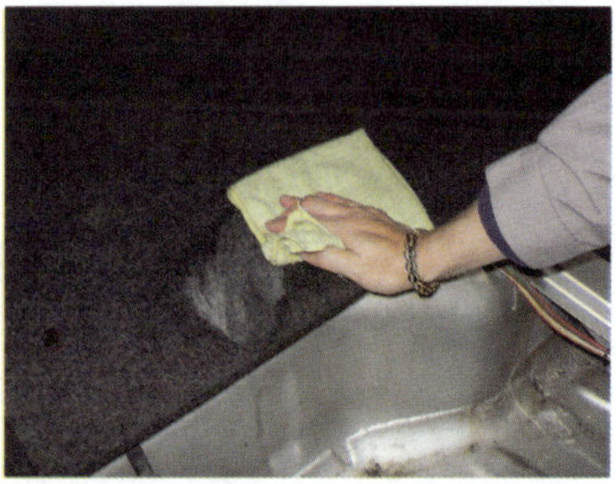

◆ 图3-182　清洁擦拭

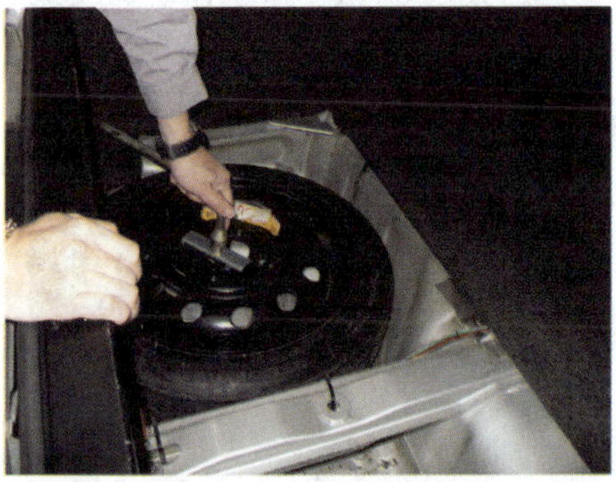

◆ 图3-183　放回备胎

◆ 图3-184　放回随车工具

（9）将整理好的车上杂乱物品，放置于行李舱内。

注意事项：

（1）清洁时需连同备胎放置区一同清理。

（2）如果行李舱护板不易取出时，可在行李舱内清理。

（3）清洁完行李舱，需将车主随车物品、备胎、三脚架、随车工具放置于行李舱内。

（4）清洁剂需选用中性清洁剂，避免污染环境及清洁后的残留物对人体造成危害。

（5）告知车主：行李舱和车内尽可能不要堆积不用的物品。

八、发动机舱整理维护（第21项）

发动机舱在第2项美容操作中，已经使用中性清洁剂和清洗机冲洗干净，为了使发动机区回复到新车时的光彩，在发动机区干燥后，使用橡胶维护剂为发动机舱的上下水管、高压管的橡胶、发动机外盖及发动机区的各式橡胶件做维护，使橡胶件能回复到昔日的光彩，同时使用干净的吸水布为发动机区的漆面部分擦拭清洁。

发动机舱的清洁，就好像我们使用洗面皂，把脸清洗干净后，都需要使用保养品来保养脸部，如此才能使得脸部看起来更有光泽，脸上皮肤更细致，但是如果使用不好的保养品，很可能会适得其反，造成反效果，当然使用在汽车上的各种维护剂也是相同的原理。

主要工具与材料：风枪、橡胶维护剂、塑料维护剂、棉纸布。

主要功能：整理、维护。

施工方法：

（1）打开发动机罩，检查线路接头是否仍然含有水分，如有水分时需使用风枪彻底清除，以免影响发动机性能，如图3-185所示。

（2）将橡胶维护剂均匀、适量的雾喷于发动机外盖、上下水管、高压管橡胶、蓄电池外盖及发动机区内的各式橡胶件上，如图3-186所示。

图3-185　吹风

图3-186　喷橡胶维护剂

（3）用棉纸布折成四折后擦拭，使橡胶维护剂能均匀附着于发动机外盖、上下水管、高压管橡胶，蓄电池外盖及发动机区内的各式橡胶件上，如图3-187所示。

（4）用棉纸布折成四折后，擦拭各橡胶件的多余橡胶维护剂，如图3–188所示。

◆ 图3–187　擦拭

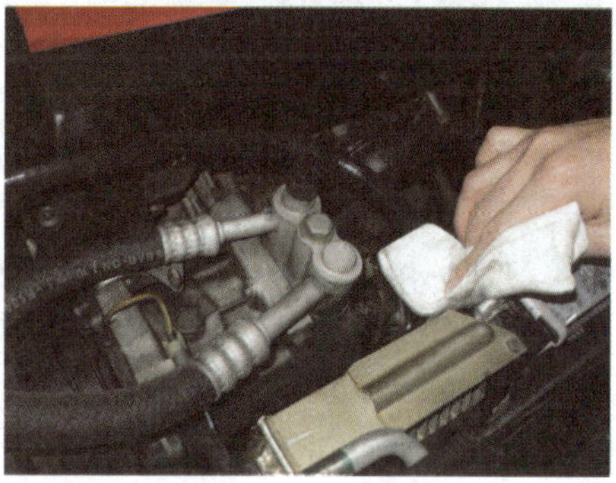

◆ 图3–188　擦拭

（5）将塑料维护剂均匀、适量雾喷于刮水器盖板上，如图3–189所示。

（6）用棉纸布折成四折后擦拭刮水器盖板，使塑料维护剂均匀附着于刮水器盖板上，如图3–190所示。

◆ 图3–189　喷塑料维护剂于刮水器盖板

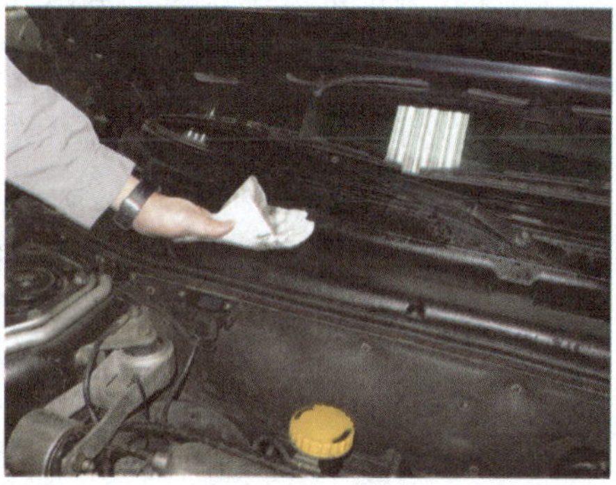

◆ 图3–190　擦拭

（7）用棉纸布折成四折后，擦拭刮水器盖板，去除多余塑料维护剂，如图3–191所示。

（8）将吸水布清洁后，拧干擦拭清洁发动机区漆面部分。

（9）将吸水布清洁后，拧干清除发动机区以外喷到维护剂的区域，如图3–192、图3–193所示。完成清洁，如图3–194所示。

◆ 图3–191　清洁内部多余维护剂

◆ 图3–192　清洁车辆外表

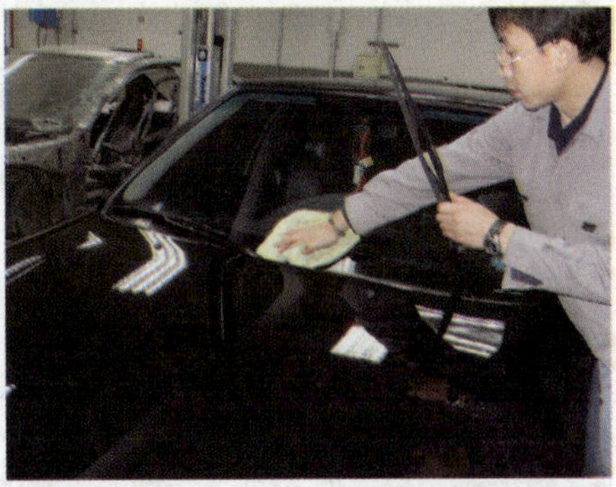

◆ 图3-193　清洁玻璃

◆ 图3-194　完成

注意事项：

（1）可用喷涂或擦拭方式为发动机舱的橡胶件、塑料件上维护剂。

（2）使用喷涂方式比擦拭方式均匀、用量大，较为湿润。

（3）橡胶维护剂完美施工后看起来均匀、润泽，但摸起来不湿不油。

（4）塑料维护剂完美施工后看起来均匀、润泽，但摸起来不湿不油。

（5）橡胶件和塑料件之外的维护剂，需用吸水布擦拭干净。

（6）线路接头如含有水分，会影响发动机起动和发动机运转。

（7）刮水器盖板为塑料件，应使用塑料维护剂。

（8）维护橡胶件和塑料件时，维护剂如选择化学复合多功能维护剂，易造成橡胶件和塑料件表面龟裂。

九、玻璃清洁（第22项）

汽车玻璃上的污染物是否清洁干净，对于行车的安全有着很大的影响，一般前风窗玻璃如果受到细蜡、油脂、树汁、废油气、油漆和空气中的污染物污染，会使刮水器在运行时造成跳动，使行车时会有视线不良的情况，影响行车安全。其中又以细蜡污染最为严重，有些技师和车主喜欢使用细蜡涂抹于玻璃上，来清洁玻璃并使玻璃光亮，但是这样施工操作会造成玻璃在晴天、雨天转换时产生严重的起雾现象，使驾驶人瞬间失去视线，危害行车安全。

主要工具与材料：玻璃清洁剂、棉纸布。

主要功能：清洁、光亮。

施工方法：

（1）先将吸水布清洁后，拧干擦拭全车外表玻璃，如图3-195所示。

（2）再将吸水布清洁后，拧干擦拭全车内部玻璃，如图3-196所示。

（3）检查玻璃如有污染物，再按玻璃清洁处理对照表（表3-6）方式清洁，如图3-197所示。

（4）将玻璃清洁剂均匀、适量涂抹于全车外表玻璃，如图3-198所示。

玻璃清洁处理对照表 表3-6

项次	问题	清洁材料、解决方式
1	油漆	使用香蕉水、棉纸布清洁
2	漆尘	使用玻璃粉、玻璃清洁剂、棉纸布清洁
3	油膜	使用玻璃粉、玻璃清洁剂、棉纸布清洁
4	虫渍	使用昆虫清洁剂、玻璃清洁剂、棉纸布清洁
5	鸟粪	使用清水、棉纸布清洁
6	细蜡	使用玻璃清洁剂、棉纸布清洁
7	手印	使用玻璃清洁剂、棉纸布清洁
8	油烟	使用玻璃清洁剂、棉纸布清洁
9	树汁	使用玻璃清洁剂、棉纸布清洁
10	跳动	使用玻璃粉、玻璃清洁剂、棉纸布清洁后，在喷水桶加刮水器精
11	刮水器使用时有线条出现	更换刮水器
12	玻璃刮伤	更换玻璃
13	玻璃有石子打的小洞	更换玻璃
14	起雾	打开空调
15	玻璃裂痕	更换玻璃

◆ 图3-195 清洁外部玻璃

◆ 图3-196 清洁内部玻璃

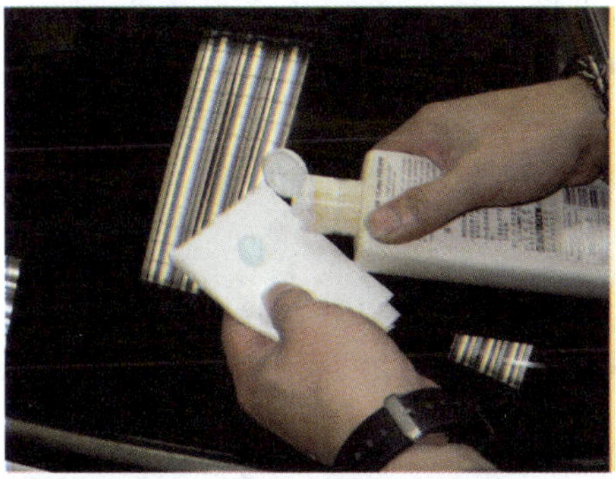

◆ 图3-197 先润湿棉纸布

◆ 图3-198 均匀涂抹玻璃清洁剂

（5）给予2～3min玻璃清洁剂干燥时间。

（6）干燥后使用绵纸布，对折四折后擦拭玻璃，如图3-199所示。

（7）绵纸布如脏时，可以翻面再使用。完成清洁，如图3-200所示。

◆ 图3-199　清洁擦拭

◆ 图3-200　完成

注意事项：

（1）如需使用玻璃粉清洁时，尽可能在清洁车身外表时使用。

（2）使用香蕉水清洁玻璃时，不得碰触其他零件和漆面。

（3）车辆内部玻璃，如无特殊污染时，只需使用清水擦拭即可。

（4）喷水桶需加入刮水器精，以帮助刮水器正常运作。

（5）开启刮水器时需先喷水，以免造成玻璃刮伤。

（6）可以使用软化清洁剂，替代玻璃清洁剂。

（7）棉纸布对折四折，是为了方便脏时可以翻面使用。

（8）使用玻璃清洁剂之前，需彻底清洁玻璃。

3.4　车身维护

一、饰条清洁（第23项）

车辆在行驶一段时间后，都会发现前保险杠饰条、后保险杠饰条、车身两侧饰条及四门把手上都会有一层白白、黄黄的污垢，不管车身清洗几次，污垢还是不容易清除，那是饰条和门把手受到细蜡和一般车辆常遇到的污染源所影响，而留下的污染痕迹。

近期的汽车制造商也发现饰条受污不易清除和影响整体美观的问题，而改变车身的外表涂装，设计成前后保险杠、车身饰条及四门把手和车身涂装同色，除了解决饰条易受污的情况外，也为车辆的整体感带来新的视觉感观。

在做车身饰条、保险杠饰条和四门把手的清洁时，如果十分容易拆除、分解、组合，建议拆下饰条清洁，较为容易清除细蜡和污垢；如果拆除、分解不容易时，可直接在车身上清洁。饰条清洁时，先用中性清洁剂均匀、雾喷于饰条受污处，并给予2～3min污垢软化时间，再用小毛刷刷洗直到干净，最后再将吸水布清洁后，拧干擦拭清洁，如果不能一次完全清除，可重复清洁动作，直到完全干净为止。

主要工具与材料：中性清洁剂、小毛刷、水桶、吸水布。

主要功能：清除脏污、残蜡。

施工方法：

（1）检查前后保险杠饰条、车身饰条和四门把手受污情况，如图3-201所示。

（2）将中性清洁剂均匀、适量雾喷于受污处，如图3-202所示。

（3）给予2~3min污垢软化时间。

（4）使用小毛刷或牙刷刷洗饰条上的污垢和残蜡，如图3-203所示。

（5）将吸水布清洁后，拧干擦拭清洁，如图3-204所示。

◆ 图3-201 检查

◆ 图3-202 喷中性清洁剂

◆ 图3-203 刷洗

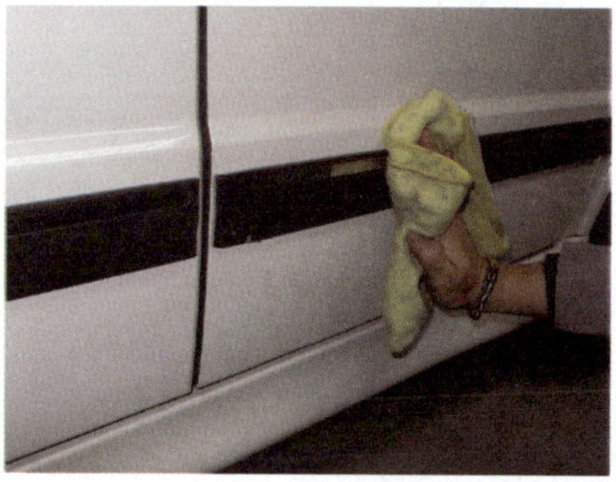

◆ 图3-204 清洁擦拭

（6）再检查饰条，如有未清除的残蜡，可重复（2）、（3）、（4）、（5）步骤，直到完全清洁。

（7）在饰条清洁后，需再将吸水布清洁后，拧干清洁受中性清洁剂污染的车身区域，如图3-205所示。

（8）维护剂于第25项时再涂抹。

注意事项：

（1）清洁剂需选用中性清洁剂，以

◆ 图3-205 清洁漆面

免污染环境及清洁后的残留物对人体造成危害。

（2）饰条及把手如为车身同色涂装时，因较不易受残蜡污染，可不必清理。

（3）饰条如容易拆除、分解、安装时，可考虑拆下来清理，较为省时、容易清洁。

（4）残蜡一般并不容易清理，需重复几次清洁动作，才能完全清洁干净。

（5）饰条清洁后，周围受污的车身，需将吸水布清洁后，拧干擦拭清洁。

（6）饰条清洁后，需用塑料维护剂维护。

（7）饰条如未受污，可直接用塑料维护剂维护即可。

二、涂上细蜡（第24项）

上细蜡为美容步骤中的重要操作项目，其主要功用是为汽车外表漆面提供抗UV、抗酸雨、抗氧化的保护作用及提高色彩的鲜艳度、光泽度。但是，如果上细蜡的方法不正确，会直接影响美容的整体表现，使整个美容成果无法在最后完整呈现，给人感觉美容前、美容后没有特别明显差异。同时，上细蜡时需避开所有非漆面的部分，如果又把细蜡涂抹在车辆的玻璃、四门把手、车身饰条和前、后保险杠饰条上，前面的所有清洁动作，便会失去其功用。汽车细蜡的区分见表3-7。

汽车细蜡的区分　　表3-7

区分方式	区分内容
形态	固蜡、软蜡、液体蜡、喷蜡
颜色	浅色用、深色用、银粉漆用
成分	树脂、硅利康、特氟龙、瓷釉
种类	细蜡、美容蜡、瓷釉蜡、去污蜡
功能别	抗UV、抗酸雨、抗氧化、显色、提高亮度、去污

主要工具与材料：细蜡、细蜡海绵、棉纸布。

主要功能：均匀、光亮。

施工方法：

（1）使用高压风枪对车身外表作初步吹风清洁，如图3-206所示。

（2）将吸水布清洁后，拧干清洁车身外表漆面，如图3-207所示。

◆ 图3-206　吹风

◆ 图3-207　清洁表面

（3）先将细蜡适量、均匀涂抹于细蜡海绵上，如图3-208所示。

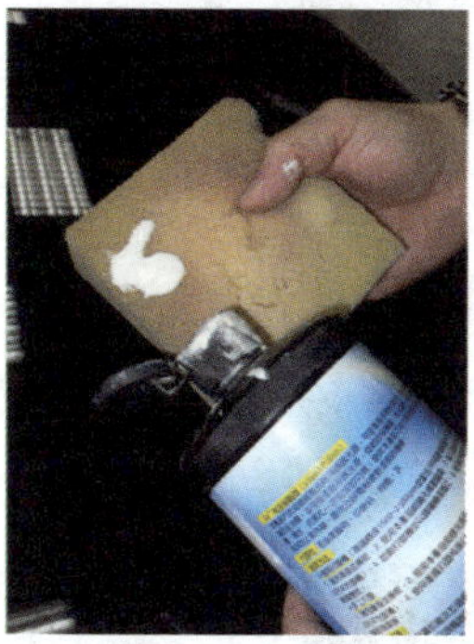

◆ 图3-208 抹细蜡

（4）再用细蜡海绵在漆面上以每次连续划3个直径为10cm的圆，为漆面上细蜡，如图3-209、图3-210所示。

◆ 图3-209 抹细蜡

◆ 图3-210 抹细蜡

（5）等细蜡海绵上的细蜡用完，再重复（3）、（4）步骤为全车外表漆面上完细蜡。

（6）全车外表漆面上细蜡顺序为：车顶、发动机罩、行李舱盖、左侧车身外表、前保险杠、右侧车身外表、后保险杠、四车门内漆面。

（7）将棉纸布折成四折，等细蜡干燥后，用棉纸布划直径10cm顺时针方向的圆，为漆面清除细蜡，擦亮漆面，如图3-211所示。

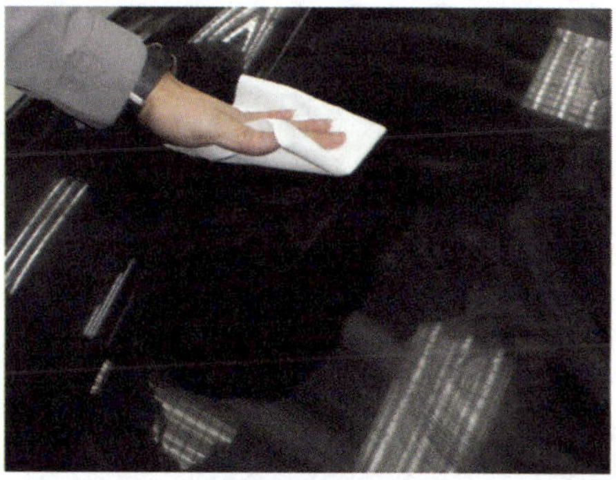

◆ 图3-211 擦拭

（8）棉纸布如脏时，可翻面再使用擦拭。

（9）清除细蜡时的顺序为：车顶、发动机罩、行李舱盖、左侧车身外表、前保险杠、右侧车身外表、后保险杠、四车门内漆面、发动机罩内部、行李舱盖内部。

（10）最后再用高压风枪，为车身内外吹风，清除细蜡残渣。

（11）清除细蜡，也可以1800 ~ 2200r/min的抛光机配合细蜡海绵，为车身外表漆面先做大面积区域抛光处理，如图3-212、图3-213所示。

◆ 图3-212　抛光机抛光

◆ 图3-213　抛光机抛光

（12）再用棉纸布折成四折后，以顺时针划圆方式清除残余细蜡，并按清除细蜡顺序清除，如图3-214所示。用风枪清洁细蜡残渣，如图3-215所示。

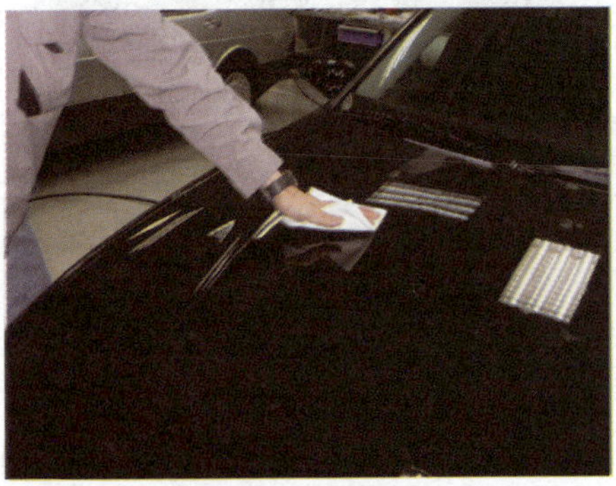

◆ 图3-214　擦拭

◆ 图3-215　吹风

注意事项：

（1）为车身外表上细蜡时，不可在太阳下施工。

（2）风砂太大时，不可为车身外表上细蜡，容易刮伤漆面。

（3）车身外表或零件有水时，需把水分清除干净后再上细蜡。

（4）为车身外表上细蜡时，需避开车身玻璃、饰条、四门门把手，以免造成细蜡污染。

（5）涂抹细蜡时，需先将细蜡涂抹在细蜡海绵上，较易均匀。

（6）涂抹细蜡时，需以顺时针或相同方向划圆方式涂抹，较为均匀、光亮。

（7）清除细蜡和擦亮漆面时，需以顺时针或相同方向划圆方式清除，较为均匀、 光亮。

（8）清除细蜡需依其顺序清除擦拭，并用风枪清洁细蜡残渣。

（9）棉纸布脏污后，可以翻面再使用。

（10）使用抛光机配合细蜡海绵清除细蜡、抛光漆面时，应注意不可在同一点停留太久，以免车身钢板过热变形。

（11）使用抛光机清除细蜡、抛光漆面时，需避开车身角度区域，以免容易见到色漆层。

（12）细蜡种类选择可依车主喜好。

（13）上完细蜡、擦亮后的车身外表，尽可能不要再用手触摸、以免造成污染、失去光泽如图3-216所示。

◆ 图3-216 完成

三、塑料及复合革维护（第25项）

接下来的第25项塑料及复合革维护，第26项橡胶件维护和第27项轮胎、轮辋维护，在美容项目中扮演着画龙点睛的角色。试着想象，在车辆内外都整理干净，并且车身外表也上好细蜡的情况下，只有车身饰条、把手、四门橡皮和轮胎看起来灰灰的、暗暗的、没有光泽，这种新旧混合的感觉，无法把美容后应有的亮点好好的展现出来。

在为塑料件、橡胶件和复合革维护前，必须先了解塑料件、橡胶件和复合革分布的区域及所属零件名称（表3-8~表3-10），维护时才不容易有遗失和用错维护剂的情况出现。在塑料件及复合革维护时，需先将塑料维护剂适量、均匀润湿棉纸布，再用棉纸布均匀的把维护剂涂抹于塑料件和复合革上，接着使用另一张干净的棉纸布擦拭掉多余的维护剂，最后将吸水布清洁后，拧干擦去维护剂溢出塑料件和复合革的区域。

塑料件维护区域 表3-8

车身区域	零件名称	备　注
车顶	饰条、天线座	
发动机罩	喷水头	
后箱盖	标志、后杆照灯	
前车门	把手、饰条、后视镜	
后车门	把手、饰条	
前叶子板	饰条、轮弧、标志	
后叶子板	轮弧、饰条	
内装	四门门饰板、四门板塑料件、地毯压板、前座椅护板、下横梁护板、转向盘、仪表板及开关按钮、换挡座、换挡杆、B柱护板	
发动机区	刮水器护板、前刮水器臂、前风窗玻璃饰条	
行李舱	护板、后刮水器臂、导流板、后风窗玻璃饰条、行李舱饰板	
前保险杠	饰条、牌照架、散热器护罩	
后保险杠	饰条、后牌照灯、标志、牌照架	
其他	车主加装塑料零件、转向灯	

复合革维护区域 表3-9

车身区域	零件名称	备　注
四门板	门内饰板	
内装	中央扶手、座椅、换挡杆、转向盘	

橡胶件维护区域 表3-10

车身区域	零件名称	备　注
内装	四门框橡皮、四车门防水橡皮	
发动机区	发动机罩橡皮	
后行李舱区	后行李舱橡皮	
车身外表	前风窗玻璃橡皮、后风窗玻璃橡皮、四门外水切、前车门玻璃橡皮、后车门玻璃橡皮	

主要工具与材料：塑料件维护剂、棉纸布。

主要功能：均匀、维护、带出光泽。

施工方法：

（1）检查车辆需维护的区域。

（2）先将棉纸布折成长10cm，宽5cm的形状，再将塑料件维护剂适量、均匀润湿棉纸布，如图3-217、图3-218所示。

◆ 图3-217 折纸

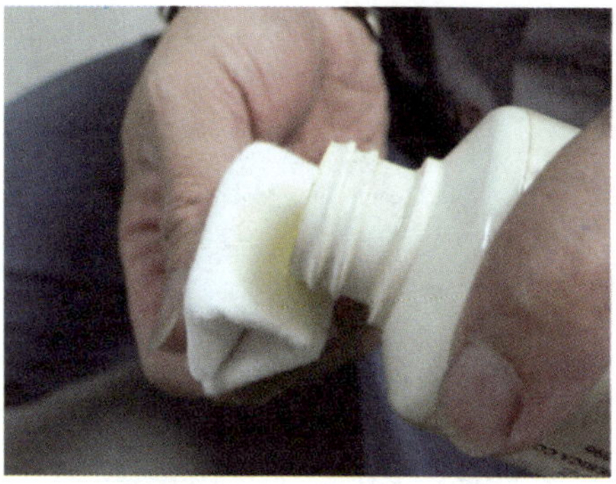

◆ 图3-218 润湿

（3）使用润湿后的棉纸布，为车身外表的饰条、四门把手及其他塑料件擦拭维护，如图3-219所示。

并使用另一张棉纸布，折成四折后擦去塑料件上多余的维护剂，如图3-220所示。

接着使用另一张润湿后的棉纸布，为车辆内饰的四门门饰板、地毯压板、侧裙护板、座椅、仪表板、开关按钮及其他的塑料件和复合革擦拭维护，如图3-221所示。

◆ 图3-219 擦拭维护

◆ 图3-220 擦去多余维护剂

◆ 图3-221 清洁漆面

（4）并使用另一张棉纸布、折成四折后擦去内饰塑料件、复合革上多余的维护剂，如图3-222～图3-227所示。

最后将吸水布清洁后，拧干擦拭上维护剂时，防止溢出的维护剂污染车身内外区域。

图3-222　后视镜

图3-223　门板

图3-224　门板

图3-225　压板

图3-226　转向盘

图3-227　座椅

注意事项：

（1）上维护剂时需均匀、适量，不可太湿或太干。

（2）上维护剂时使用的棉纸布需按车身内、外分开，这样不会造成内饰受到污染。

（3）用润湿后的棉纸布维护塑料件和复合革后，需用另一张干净棉纸布，除去塑料件和复合革上多余的维护剂，以免美容后污染驾驶人和乘客的衣服。

（4）受到溢出维护剂污染的区域，需用吸水布清洁干净，以免看起来车身内外有沾到油渍的感觉。

（5）为仪表板塑料件维护时，尽可能不要为仪表板上的护板上维护剂，以免驾驶时因仪表板上的护板反光、影响行车安全。

（6）转向盘维护时，需特别注意多余维护剂的去除，以免驾驶时因多余的维护剂使双手感觉不舒服。

（7）车身外表塑料件和橡胶件的维护时，需带出塑料件和橡胶件的光泽，这样能衬托出美容后的整体美。

（8）选择良好的维护剂，能提高塑料件和复合革的使用寿命。

四、橡胶件维护（第26项）

橡胶件的维护除了清洁、提高橡胶件的光泽度外，最主要的功能是活化橡胶件，使其回复到原有的形状和灵活性。因长期受到日晒、挤压，橡胶件容易硬化、变形、氧化和龟裂。橡胶件的定期维护可以使橡胶件维持一定的功能和外观，另外一项功能是与美容无关的，即可以减少车辆在行驶时，车门、行李舱盖和发动机罩橡胶件对车体产生的异响。

为橡胶件维护时，需将吸水布清洁后拧干，先对车辆的橡皮和车身间做灰尘和泥砂的清洁，因这是洗车清洁时较不易清洁的死角地区，再用橡胶件维护剂对棉纸布做润湿，接着用润湿的棉纸布为橡胶件上维护剂，并且需再用另一张干净的棉纸布除去多余的维护剂，最后将吸水布清洁后，拧干擦去维护剂溢出橡胶件的区域。

主要工具与材料：橡胶件维护剂、棉纸布、水桶、吸水布。

主要功能：均匀、维护、活化橡胶。

施工方法：

（1）检查车辆橡胶件和车身间的污染程度，需维护的区域，如图3-228～图3-231所示。

◆ 图3-228 检查维护区域

◆ 图3-229 检查维护区域

◆ 图3-230　检查维护区域

◆ 图3-231　检查维护区域

（2）将吸水布清洁后拧干，先清洁车辆的四门框橡皮、四车门防水橡皮、发动机罩橡皮、行李舱盖橡皮和车身间的灰尘和泥沙，如图3–232所示。

（3）将棉纸布折成长10cm、宽5cm的形状，再将橡胶件维护剂适量、均匀润湿棉纸布，如图3–233所示。

（4）使用润湿后的棉纸布，为车辆的橡胶件擦拭维护，如图3–234、图3–235所示。

◆ 图3-232　清洁

◆ 图3-233　折纸

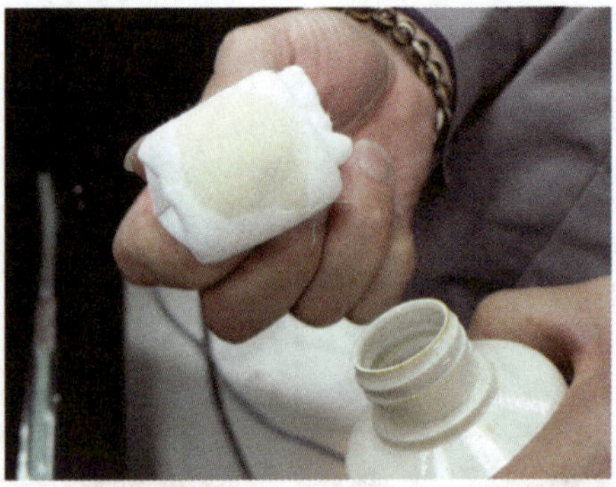

◆ 图3-234　润湿

◆ 图3-235　涂抹维护剂

（5）并使用另一张棉纸布，折成四折后擦去橡胶件上多余的维护剂，如图3–236所示。

（6）最后将吸水布清洁后拧干，擦拭上维护剂时，不小心受到溢出的维护剂污染的区域，如图3-237所示。

◆ 图3-236　擦去多余维护剂

◆ 图3-237　清洁漆面

注意事项：

（1）上维护剂时需均匀、适量，不可太湿或太干。

（2）用润湿后的棉纸布维护橡胶件后，需用另一张干净棉纸布，除去多余的橡胶件维护剂。

（3）为车身橡皮维护前，需先清除四门框橡皮、四车门防水橡皮、发动机罩橡皮和行李舱盖橡皮间的沙土、灰尘等污染。

（4）橡胶件维护剂可在平时用来除去车身和橡胶件之间的异响。

（5）选择良好的维护剂，能活化橡胶件，消除异响，提高使用寿命。

（6）受到溢出维护剂污染的区域，需用吸水布清洁干净，以免看起来车身外表漆面有沾到油渍的感觉。

（7）橡胶件上多余的维护剂，如不处理，容易在上车时污染到衣服。

五、轮胎、轮辋维护（第27项）

车辆四个轮胎、轮辋和备胎的维护，为美容维护项目系列中的最后一项，主要维护操作分为两项：第一项为轮辋的清洁、维护、上蜡，在轮辋维护时需先确认，美容操作第3项操作时轮辋是否已清洁干净，如果还有污垢在轮辋上，可用吸水布沾上中性清洁剂做局部清洁，再将吸水布清洁后，拧干擦拭干净，并且为轮辋的平面漆面上细蜡；第二项为轮胎维护操作，在操作时需先用轮胎油将棉纸布或轮胎油专用海绵均匀润湿后，再均匀擦拭在备胎和四轮轮胎上。

轮胎和轮辋的维护，不应只在美容时才做清洁维护，而是在每一次洗车时，就应一起做的维护、清洁操作。主要是因为制动所产生的粉末，十分容易附着累积在轮辋和轮胎上，如果不常清理，时间一久用粘在轮辋上变成不容易清洁的顽垢，另外轮胎油可防止轮胎的氧化、龟裂，增加轮胎表面的光泽，使整个车轮外表美观。

主要工具与材料：轮胎油、中性清洁剂、细蜡、棉纸布、轮胎油用海绵、细蜡用海绵、吸水布、水桶。

主要功能：均匀、干净、轮胎、轮辋维护。

施工方法：

（1）检查四轮轮辋是否仍然有残留下来未完全清洁干净的污垢，如图3-238所示。

（2）如果仍然有残留的污垢，可用吸水布沾上中性清洁剂，为轮辋做局部清洁，如图3-239所示。

◆ 图3-238 检查

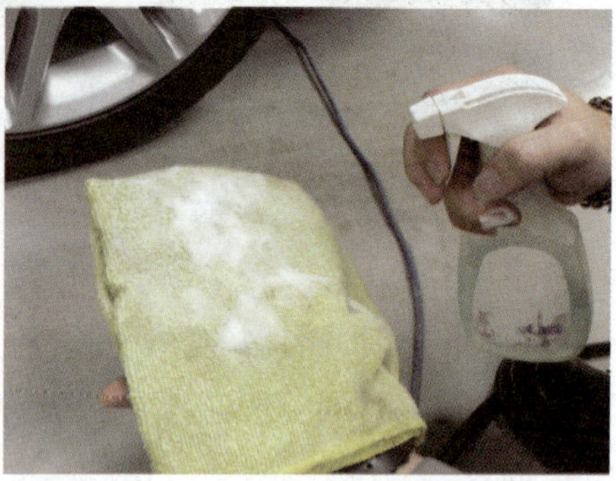

◆ 图3-239 润湿

（3）清洁后需再将吸水布清洁后，拧干擦拭清洁，如图3-240所示。

（4）使用细蜡海绵沾上细蜡后，均匀涂抹于轮辋平面的漆面上，如图3-241所示。

◆ 图3-240 清洁

◆ 图3-241 抹细蜡

（5）等细蜡干燥后，使用棉纸布折成四折擦掉细蜡、擦亮轮辋，如图3-242、图3-243所示。

（6）棉纸布擦拭脏污后，可以翻面再使用。

（7）维护轮胎时，需先用轮胎油均匀、适量润湿轮胎油海绵或棉纸布，如图3-244所示。

（8）使用润湿后的轮胎油海绵或棉纸布为备胎先均匀涂抹维护轮胎后，再为四轮轮胎擦拭维护，如图3-245、图3-246所示。

◆ 图3-242 抹细蜡

◆ 图3-243 擦拭

◆ 图3-244 润湿

◆ 图3-245 均匀涂抹维护剂

◆ 图3-246 擦去多余维护剂

注意事项：

（1）轮辋的形状如果太过于复杂，可以省略上细蜡的程序，只需清洁干净即可。

（2）为轮胎涂抹轮胎油时，需力求均匀、适量。

（3）为轮辋上细蜡时，只需上平面的漆面，而省略凹处、侧面部分，以免残留的细蜡而造成反效果。

（4）轮胎维护时，如果轮胎和地面接触区域要维护，可行驶车辆，使轮胎转动改变接触区域。

（5）选择良好的轮胎油，能活化轮胎，提高使用寿命。

六、点漆（第28项）

汽车每天陪着我们上山下海，乡村城市到处跑，长期下来很难确保爱车外表不受损伤，尤其以前保险杠、后保险杠、发动机罩及左、右车门最容易受到损伤。前保险杠的损伤大多来自停车和行驶时受到弹起的小石子的损伤，后保险杠的损伤则是来自停车，左、右车门的损伤都是由于开门不小心碰撞所造成，发动机罩的损伤，是因为高速行驶时，跟在大车后面，受到弹起小石子碰撞的损伤，但不管损伤是如何造成的，处理的方法都是相同的。处理时需先检查受损区域，如果损伤区域只是伤到色漆层及底漆层，而未伤及钢板时，只需用水彩等涂上相同颜色的色漆即可，但如果伤及钢板，就必须先除锈后，再涂上防锈漆，等防锈漆干燥后，再涂上相同颜色的色漆。

只伤及底漆层和色漆层，如图3-247所示，用色漆处理。伤及钢板层，如图3-248所示，先除锈，防锈后再点漆。

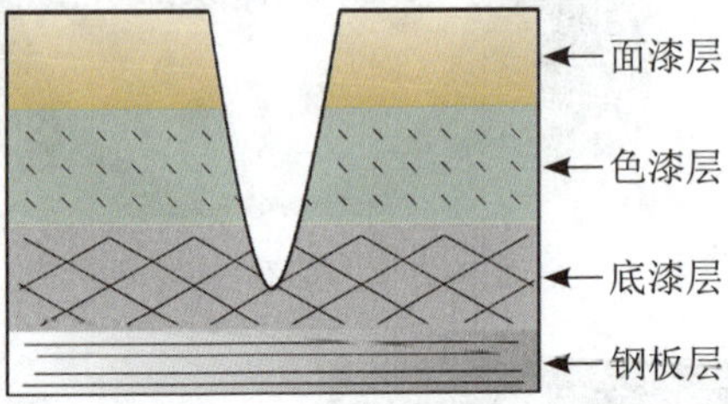

◆ 图3-247　伤及底漆层和色漆层

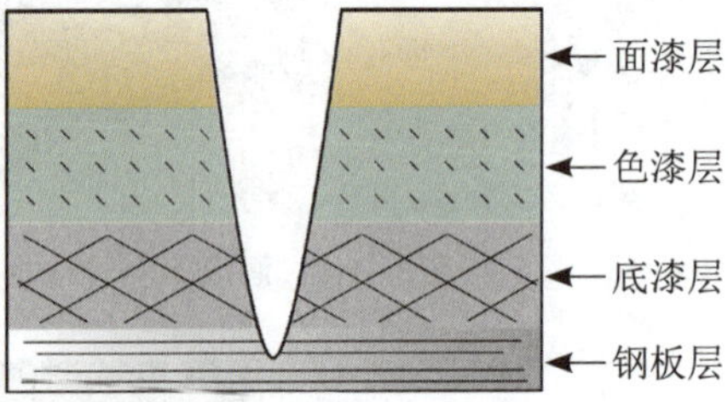

◆ 图3-248　伤及钢板层

主要工具与材料：同色色漆、水彩笔、防锈漆。

主要功能：防锈、美观。

施工方法：

（1）检查需点漆区域受损情况，如图3-249所示。

◆ 图3-249　需点漆处

（2）如只伤及底漆层和色漆层时，使用相同颜色色漆，在掉漆的地方点上色漆，如图3-250、图3-251所示。

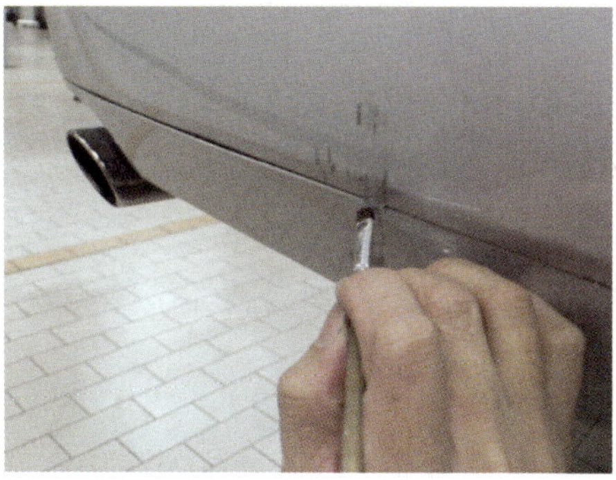

◆ 图3-250　点色漆

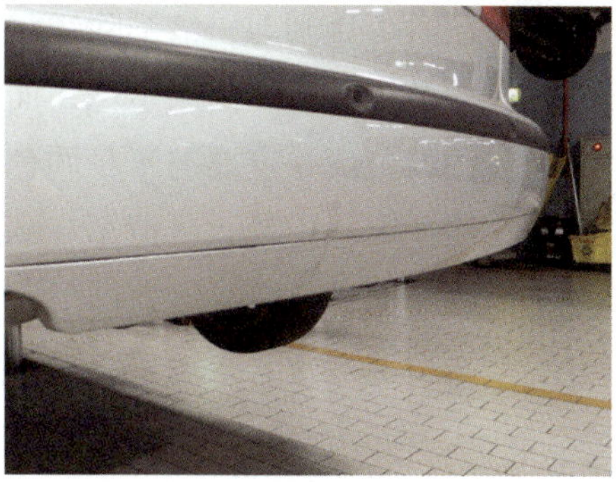

◆ 图3-251　完成

（3）如伤及钢板时，必须先除锈，再涂上防锈漆（环氧树脂），如图3-252、图3-253所示。

（4）等防锈漆干燥后，再为掉漆的地方点上相同颜色的色漆，如图3-254、图3-255所示。

◆ 图3-252　除锈

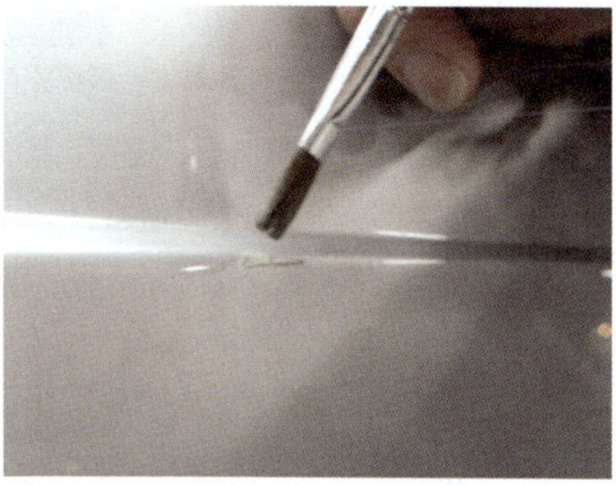

◆ 图3-253　点防锈漆

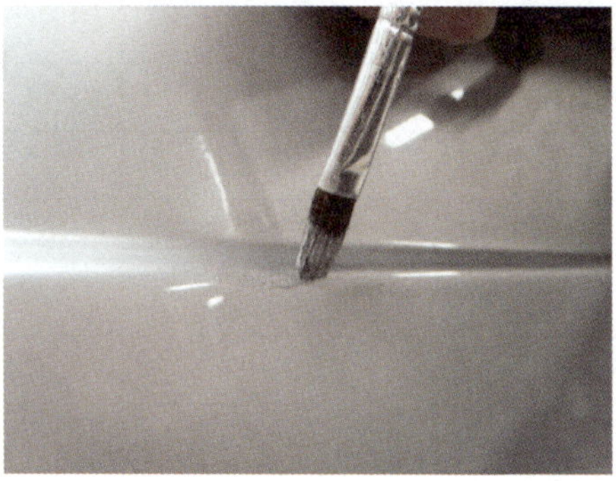

◆ 图3-254　点色漆

◆ 图3-255　完成

注意事项：

（1）未伤及色漆层的刮伤，可用抛光处理。

（2）前、后保险杠为塑料材质，点漆时只要使用同颜色的色漆即可。

（3）损伤太大时，需先重新涂装后，再做美容。

（4）除锈时可用刮刀，清刮除锈。

（5）如伤及钢板层，但未生锈，面积又小时，可直接点上色漆处理。

（6）使用的色漆一定要与车身同色，不同色时会破坏整体美观。

（7）色漆如取得不易，可请车主到原厂取。

（8）点漆时面积只需够遮盖即可，不可太厚或太宽，否则会破坏整体美观。

七、检查（第29项）

美容最后的质量检验员的检查，除了可以立即解决美容不小心留下的瑕疵、缺点，以完美的形态交给车主外，并可通过此项检查，找出美容过程中容易出错的美容瑕疵和美容整个程序的搭配性、顺畅性，加以改善，使下次的美容操作能更快速、更完善，进而开发出完美的美容操作程序和方法。美容瑕疵检查表见表3-11。

美容瑕疵检查表 表3-11

项 次	检查项目	检查内容	备 注
1	外表漆面	漆面清洁度、瑕疵整理后确定、点漆有无完整、细蜡的残留	
2	前、后保险杠	饰条、散热器罩、牌照架、漆面、点漆	
3	塑料件	饰条的清洁度、光泽度、细蜡的残留，维护剂的残留	
4	橡胶件	全车橡皮的清洁度、光泽度、维护剂的残留	
5	玻璃	清洁度、透明度	
6	轮胎、轮辋	清洁度、胎压、光泽度、细蜡的残留	
7	底盘	四轮弧清洁度，底盘清洁度	
8	发动机舱	分电器、电路接头的水分残留，橡胶件，塑料件、水管的清洁度	
9	行李舱	清洁度、物品、备胎、随车工具	
10	仪表板	清洁度、光泽度、维护剂的残留	
11	天花板	清洁度	
12	A、B、C柱	清洁度	
13	交车前整理	去除瑕疵	
14	座椅	清洁度、皮革油的残留	
15	地毯	清洁度、水分残留	
16	四门板	清洁度、光泽度、维护剂的残留	
17	全车灯光	前照灯、转向灯、倒车灯、牌照灯	
18	上黄油	为四门柱铰链、六脚锁上黄油	
19	记录	1. 瑕疵 2. 错误 3. 改善方法	

八、交车（第30项）

在交车的同时，也是你和车主建立关系、成为朋友的最好时机，所以车主提出的缺点一定要仔细的记录，作为下次美容操作时的参考。也许这些小小的缺点对美容店来说并不算什么，只是举手之劳就能解决，可是车主不会解决，也没有维修用的特殊工具，因而在交车时一定要尽善尽美，如果有点小瑕疵尽可能马上解决。

把完美的东西送到每个人的手上，是我们最大的责任，也唯有如此，客人下一次才会再想到你，理想的交车方法为：在一个灯光明亮、使人感到舒适的地方，可以使车主在没有压力下，能清楚的检查自己的车辆。同时除了交车人员外，如果有问题最好由美容技师在旁加以解说，并能即时解决问题、处理瑕疵。

理论测试

车身清洗

1. 整个美容步骤可分为哪四大部分?
2. 在清洗发动机舱时需注意哪些事项?
3. 轮辋污染源主要来自何处?
4. 清洗四门内柱的施工方法?
5. 为何需要清洗底盘和轮弧?
6. 比较电脑洗车和手工洗车的优缺点?
7. 清洗车身外表，手工洗车的施工方法?
8. 在干燥处理时需注意哪些事项?

涂层表面处理

1. 一般美容能解决的问题有哪些?
2. 车身涂层表面在什么情况下，需使用黏土来做美容处理?
3. 柏油处理可选用哪些溶剂?
4. 柏油处理的施工方法?
5. 汽车表面小刮痕一般形成的原因?
6. 镜面处理的原理?
7. 漆面翻新处理的施工方法?
8. 酸雨痕迹形成的原因?
9. 酸雨痕迹处理的原理?

内饰清洁

1. 天花板清洁的施工方法?
2. 什么是A、B、C柱?
3. 仪表板清洁需注意哪些事项?
4. 皮件式座椅和绒布式座椅的清洁方式?
5. 车门板清洁时有哪些注意事项?
6. 地毯、脚踏垫清洁的施工方法?
7. 行李舱清洁的施工方法?

8. 发动机舱整理维护的施工方法？
9. 汽车玻璃上会出现什么问题，需如何处理？

车身维护

1. 饰条清洁需注意哪些事项？
2. 汽车用细蜡可如何区分？
3. 汽车上细蜡的施工方法？
4. 塑料件、橡胶件需维护的区域为何？
5. 塑料及复合革维护的施工方法？
6. 橡胶件维护有哪些注意事项？
7. 轮胎、轮辋维护的施工方法？
8. 汽车表层点漆时，何时需用色漆？何时需用防锈漆？
9. 美容完成交车前需检查哪些项目？

第4章

美容可处理的瑕疵

美容可处理的瑕疵大致上可分为三大类：涂层表面瑕疵、汽车零件表面瑕疵、汽车内饰可处理的瑕疵，美容可处理的瑕疵如下：

1. 涂层表面瑕疵

（1）小刮痕。

（2）生锈。

（3）垂流。

（4）柏油污染。

（5）鸟粪痕迹。

（6）鱼眼。

（7）掉漆。

（8）漆层污染。

（9）漆膜老旧。

（10）酸雨痕迹。

（11）橘皮。

（12）溶剂泡。

（13）脏粒。

2. 汽车零件表面瑕疵

（1）玻璃污染。

（2）饰条污染。

（3）轮胎污染。

（4）轮辋污染。

3. 汽车内饰可处理的瑕疵

（1）皮椅污染。

（2）顶棚污染。

（3）地毯污染。

（4）车门板污染。

（5）绒布椅污染。

（6）仪表板污染。

4.1 涂层表面瑕疵

一、小刮痕

说明：漆层表面被不明物体伤及面漆层，但未伤及色漆层的刮痕，如图4-1所示。小刮痕产生的原因及解决方法见表4-1。

◆ 图4-1 小刮痕

小刮痕产生的原因及解决方法 表4-1

原　因	解决方法
1. 重物放在平面漆面上，拉动时留下的痕迹； 2. 行驶时和树枝接触留下的痕迹； 3. 停车时被不明物体刮伤； 4. 轻微擦撞所留下的痕迹； 5. 洗车未先冲水，较大砂粒所留下的痕迹； 6. 人为破坏	1. 使用压板配合#1500水砂纸分次研磨去除刮痕痕迹； 2. 使用#2000水砂纸用手修饰； 3. 使用棉纸布和粗蜡用手推打蜡至80%砂纸痕不见； 4. 用1800～2200r/min抛光机配合粗蜡海绵、粗蜡抛光至砂纸痕消失； 5. 用1800～2200r/min抛光机配合中蜡海绵、中蜡抛光至粗蜡痕迹消失； 6. 用棉纸布均匀为抛光区域涂抹细蜡； 7. 用棉纸布擦除细蜡、擦亮抛光区域

二、生锈

说明：涂层的表面有小面积的突起物如气泡状，去掉突起物、气泡，可见锈斑或突起物下面有锈斑露出，如图4-2所示。生锈产生的原因及解决方法见表4-2。

◆ 图4-2 生锈

生锈产生的原因及解决方法 表4-2

原　因	解决方法
1. 车辆刮伤或碰撞见钢板层时未立即处理； 2. 研磨补土时使用水磨； 3. 喷涂前见裸铁处未做防锈处理； 4. 防锈时没有将生锈部分清除干净； 5. 涂膜厚度不足	1. 使用刮刀为生锈的区域除锈； 2. 依比例调合防锈漆（环氧树脂）； 3. 使用防锈漆为生锈处做防锈； 4. 等防锈漆干燥后，再为生锈处涂上同色色漆； 5. 调合面漆和硬化剂； 6. 为色漆层上涂抹面漆； 7. 生锈处如面积不大时只需涂抹色漆

备注：生锈区域太大时需重新喷涂。

三、垂流

说明：在漆层表面的垂直处、弯角处，因喷涂过厚、不均匀且未干时，垂流会发生，如图4-3所示。垂流产生的原因及解决方法见表4-3。

图4-3 垂流

垂流产生的原因及解决方法　　表4-3

原　因	解决方法
1. 喷涂时，未能彻底清洁使得附着力降低； 2. 喷涂时，选用比预期慢干的稀释剂； 3. 喷涂时，加入过多稀释剂； 4. 喷涂时，距离过近或喷涂不均； 5. 喷涂过厚，静置时间不足； 6. 使用过大口径喷枪； 7. 喷涂时，温度过低或车体温度过低	1. 使用压板配合#1500水砂纸为垂流区域做研磨； 2. 使用#2000水砂纸用手修饰； 3. 使用棉纸布和粗蜡用手推打蜡至80%砂纸痕不见； 4. 用1800～2200r/min抛光机配合粗蜡海绵、粗蜡抛光至砂纸痕消失； 5. 用1800～2200r/min抛光机配合中蜡海绵、中蜡抛光至粗蜡痕迹消失； 6. 用棉纸布均匀的为抛光区域涂抹细蜡； 7. 用棉纸布擦除细蜡、擦亮抛光区域

四、柏油污染

说明：在车身两侧漆面表面的下半部，出现柏油小黑点，如图4-4所示。柏油污染产生的原因及解决方法见表4-4。

图4-4 柏油污染

柏油污染产生的原因及解决方法　　表4-4

原　因	解决方法
1. 行驶过新铺的柏油路； 2. 下雨天行驶于柏油路； 3. 行驶于路面不平的柏油路； 4. 行驶于有积水水坑的柏油路	1. 使用柏油清洁剂先对受污染区域作润湿； 2. 给予5～10min软化柏油的时间； 3. 使用棉纸布擦拭清洁； 4. 用棉纸布均匀为清洁区域涂抹细蜡； 5. 用棉纸布擦除细蜡、擦亮漆面

五、鸟粪痕迹

说明：鸟粪在漆面停留较长时间后，漆面受到鸟粪中盐分的侵蚀所留下的痕迹，如图4-5所示。鸟粪痕迹产生的原因及解决方法见表4-5。

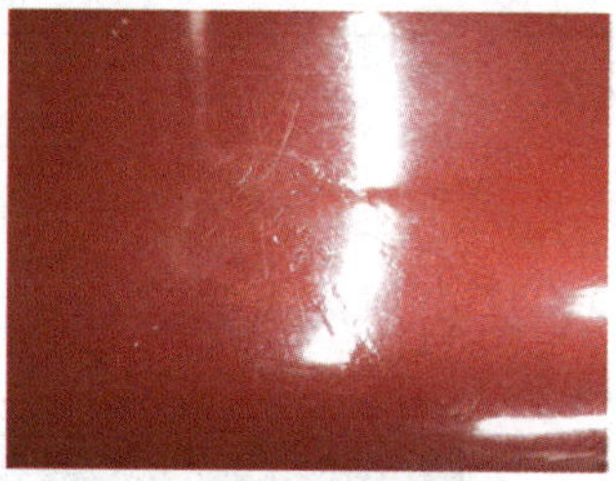

图4-5　鸟粪痕迹

鸟类痕迹产生的原因及解决方法　表4-5

原　因	解决方法
鸟粪在漆面停留段长时间，为2～3天后，鸟粪本身的酸性和盐分对漆面造成侵蚀，使漆面形成小小的鸟粪大小痕迹	1. 使用压板配合#2000水砂纸对鸟粪痕迹整平、修饰； 2. 使用棉纸布和粗蜡用手推打蜡至80%砂纸痕迹不见； 3. 用1800～2200r/min抛光机配合粗蜡海绵、粗蜡抛光至砂纸痕迹消失； 4. 用1800～2200r/min抛光机配合中蜡海绵、中蜡抛光至粗蜡痕迹消失； 5. 用棉纸布均匀为抛光区域涂抹细蜡； 6. 用棉纸布擦除细蜡、擦亮抛光区域

备注：严重时需重新喷涂。

六、鱼眼

说明：在未干的涂膜表面布满许多小细孔，这些小细孔有时可以看到底材。这些小细孔看起来有点像火山口，如图4-6所示。鱼眼产生的原因及解决方法见表4-6。

图4-6　鱼眼

鱼眼产生的原因及解决方法　表4-6

原　因	解决方法
1. 被涂物表面清洁不完全； 2. 清洁时使用脏布清洁表面，导致二次污染； 3. 喷涂时压缩空气中含有水和油； 4. 烤漆房内或吸入的空气中含有硅分子	1. 依比例调合面漆和硬化剂后，用面漆将鱼眼孔填满； 2. 等面漆完全干燥后，用压板配合#1500水砂纸研磨整平面漆； 3. 使用#2000水砂纸用手修饰； 4. 使用棉纸布和粗蜡用手推打蜡至80%砂纸痕迹不见； 5. 用1800～2200r/min抛光机配合粗蜡海绵、粗蜡抛光至砂纸痕迹消失； 6. 用1800～2200r/min抛光机配合中蜡海绵、中蜡抛光至粗蜡痕迹消失

续上表

原　　因	解 决 方 法
	7. 用棉纸布均匀为抛光区域涂抹细蜡； 8. 用棉纸布擦除细蜡，擦亮抛光区域

备注：严重时需重新喷涂。

七、掉漆

说明：漆层受到外力撞击后，形成见到底漆层的小洞，如图4-7所示。掉漆产生的原因及解决方法见表4-7。

图4-7　掉漆

掉漆产生的原因及解决方法　　表4-7

原　　因	解 决 方 法
1. 停车时，前、后保险杠的碰撞； 2. 开车门时，不小心的碰撞； 3. 开车时被弹起的小石子打到漆面； 4. 人为破坏	1. 检视漆膜受损情形，如有生锈时，可用解决生锈的方法处理； 2. 查看车身漆膜的色漆号码； 3. 依色漆号码找出相同颜色的色漆； 4. 用水彩笔将色漆填补于受损的漆面上

备注：同色色漆，可回原厂拿。

八、漆层污染

说明：漆层表面附着许多细小颗粒，如图4-8所示。漆层污染产生的原因及解决方法见表4-8。

图4-8　漆层污染

漆层污染产生的原因及解决方法　　表4-8

原　　因	解 决 方 法
1. 汽车制动所产生的铁粉； 2. 排放废气中的氧化物； 3. 空气中的喷漆漆粉； 4. 来自鸟粪、柏油、树汁等的污染	1. 先用清水对漆层表面冲水清洗； 2. 使用黏土配合水管或喷雾器一边洒水、一边使用黏土轻轻擦拭； 3. 用吸水布擦拭清洁漆面； 4. 用棉纸布均匀为清洁区域抹细蜡； 5. 用棉纸布擦除细蜡、擦亮清洁区域

九、漆膜老旧

说明：漆层表面所留下的岁月痕迹。如氧化、细微刮痕、亮度丧失、表面脏污等，如图4-9所示。漆膜老旧产生的原因及解决方法见表4-9。

◆ 图4-9　漆膜老旧

漆膜老旧产生的原因及解决方法　　表4-9

原　因	解 决 方 法
1. 电动洗车痕迹； 2. 长期的日晒雨淋，大自然留下的痕迹； 3. 不正确手工洗车留下的痕迹； 4. 不正确上蜡留下的痕迹； 5. 长期没对漆面清洁、维护留下的污垢； 6. 受到化学或来自路面的污染	1. 用1800～2200r/min抛光机配合羊毛轮、粗蜡抛光至漆面瑕疵消失； 2. 用1800～2200r/min抛光机配合中蜡海绵、中蜡抛光至粗蜡痕迹消失； 3. 用1800～2200r/min抛光机配合细蜡海绵、细蜡抛光至漆面光亮为止； 4. 用棉纸布均匀为抛光区域涂抹细蜡； 5. 用棉纸布擦除细蜡、擦亮抛光区域

十、酸雨痕迹

说明：约为直径0.5cm呈现不规则近似圆形的水渍痕迹，而且均匀密布于平面漆面，如图4-10所示。酸雨痕迹产生的原因及解决方法见表4-10。

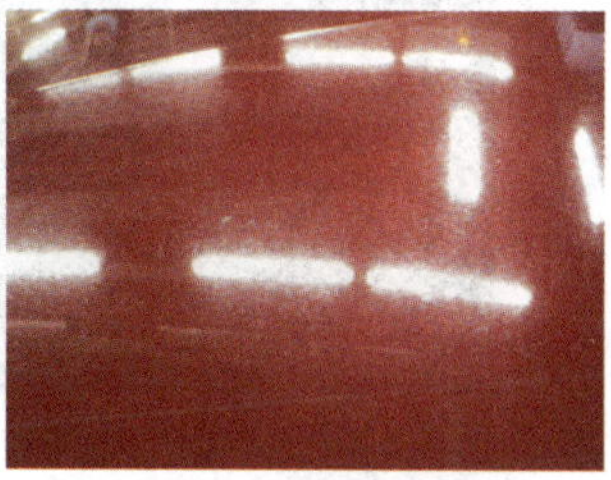

◆ 图4-10　酸雨痕迹

酸雨痕迹产生的原因及解决方法　　表4-10

原　因	解 决 方 法
长期停放于室外，雨水形成水滴附着于平面漆面上，雨水本身的酸性和车身外表的污染物，经太阳加温，使水滴形成凸透镜原理，对漆面造成伤害，留下的水渍痕迹	1. 用1800～2200r/min抛光机配合羊毛轮、粗蜡抛光至酸雨痕迹消失； 2. 用1800～2200r/min抛光机配合中蜡海绵、中蜡抛光至粗蜡痕迹消失； 3. 用1800～2200r/min抛光机配合细蜡海绵、细蜡抛光至漆面光亮为止； 4. 用棉纸布均匀为抛光区域涂抹细蜡； 5. 用棉纸布擦除细蜡、擦亮抛光区域

备注：酸雨痕迹太深时，需重新喷涂。

十一、橘皮

说明：面漆层喷涂时流展性不佳，出现橘皮现象，如图4-11所示。橘皮产生的原因及解决方法见表4-11。

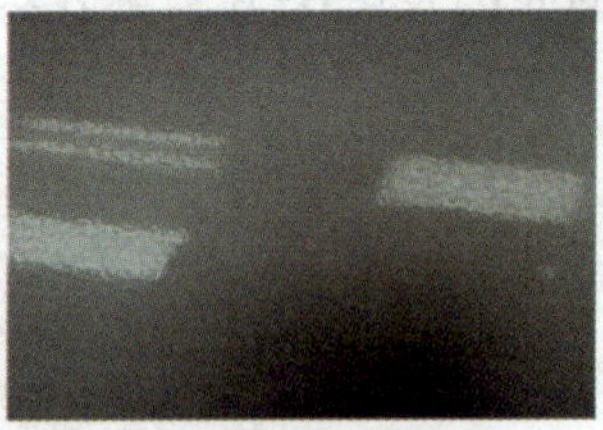

图4-11 橘皮

橘皮产生的原因及解决方法 表4-11

原因	解决方法
1. 喷涂时压力过大或过小； 2. 选用比预期快干的稀释剂； 3. 使用的喷枪喷嘴过大； 4. 加入过多催化剂； 5. 加入过多鱼眼剂； 6. 未依正确比例调合漆料，使得黏度过高； 7. 喷涂时周围温度不当	1. 使用6in(1in= 25.4cm)偏心轴3mm研磨机，配合#1000干研磨砂纸、研磨漆面去除橘皮； 2. 用1800～2200r/min抛光机配合羊毛轮、粗蜡抛光至研磨痕迹消失； 3. 用1800～2200r/min抛光机配合中蜡海绵、中蜡抛光至粗蜡痕迹消失； 4. 用1800～2200r/min抛光机配合细蜡海绵、细蜡抛光至漆面光亮为止； 5. 用棉纸布均匀为抛光区域涂抹细蜡

十二、溶剂泡

说明：新完成的涂膜上有小气泡的现象，如图4-12所示。溶剂泡产生的原因及解决方法见表4-12。

图4-12 溶剂泡

溶剂泡产生的原因及解决方法 表4-12

原因	解决方法
1. 喷涂的漆膜过厚或静置时间太短； 2. 稀释剂太快干； 3. 喷涂时喷涂压力或喷嘴口径不适当； 4. 喷涂后马上强制干燥，未留静置时间； 5. 烘烤的温度过高； 6. 红外线短波烤灯使用时，未留静置时间及烘烤距离太近	1. 使用6in偏心轴3mm研磨机、配合#1000干磨砂纸、研磨至溶剂泡消失； 2. 用1800～2200r/min抛光机配合羊毛轮、粗蜡抛光至研磨痕迹消失； 3. 用1800～2200r/min抛光机配合中蜡海绵、中蜡抛光至粗蜡痕迹消失； 4. 用1800～2200r/min抛光机配合细蜡海绵、细蜡抛光至漆面光亮为止； 5. 用棉纸布均匀为抛光区域涂抹细蜡

备注：溶剂泡太严重时，需重新喷涂。

十三、脏粒

说明：灰尘粒子或棉絮掉入未干的漆膜之中，干燥后形成突起的小颗粒，如图4-13所示。脏粒产生的原因及解决方法见表4-13。

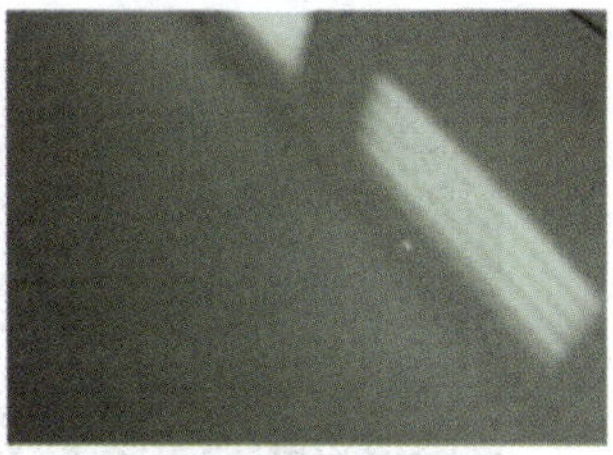

◆ 图4-13　脏粒

脏粒产生的原因及解决方法　表4-13

原　因	解 决 方 法
1. 喷涂时灰尘来自车体本身； 2. 灰尘来自覆盖纸的纤维； 3. 烤漆房的天井滤网、下层滤网过脏； 4. 烤漆房的墙壁过脏； 5. 脏粒来自涂料； 6. 来自衣服纤维； 7. 走动时所带动的灰尘； 8. 塑料零件易带静电，容易沾上灰尘； 9. 空气管路不清洁	1. 使用压板配合#1500水砂纸研磨去除脏粒； 2. 使用#2000水砂纸用手修饰； 3. 使用棉纸布和粗蜡用手推打蜡至80%砂纸痕迹不见； 4. 用1800～2200r/min抛光机配合粗蜡海绵、粗蜡抛光至砂纸痕迹消失； 5. 用1800～2200r/min抛光机配合中蜡海绵、中蜡抛光至粗蜡痕迹消失； 6. 用棉纸布均匀为抛光区域涂抹细蜡； 7. 用棉纸布擦除细蜡、擦亮抛光区域

4.2　汽车零件表面瑕疵

一、玻璃污染

说明：玻璃上有污垢和漆层，如图4-14所示。玻璃污染产生的原因及解决方法见表4-14。

◆ 图4-14　玻璃污染

玻璃污染产生的原因及解决方法　表4-14

原　因	解 决 方 法
1. 受到油漆和漆尘的污染； 2. 受到虫渍、鸟粪、树汁的污染； 3. 受到细蜡、油污、手印的污染； 4. 受到空气中的废气、灰尘的污染	1. 用清水先对玻璃冲水清洁； 2. 将玻璃倒在润湿的棉纸布上； 3. 使用棉纸布均匀在玻璃表面擦拭去除污垢、漆层； 4. 用高压清洗机为玻璃冲水清洁； 5. 用吸水布将玻璃擦拭干净； 6. 使用玻璃清洁剂均匀、适量对棉纸布润湿； 7. 用棉纸布对玻璃涂抹玻璃清洁剂； 8. 等玻璃清洁剂干燥后，用棉纸布擦除、擦亮玻璃

二、饰条污染

说明：饰条表面出现白白、黄黄的污垢，如图4-15所示。饰条污染产生的原因及解决方法见表4-15。

图4-15　饰条污染

饰条污染产生的原因及解决方法　　表4-15

原　因	解决方法
1. 来自细蜡残留的污染； 2. 来自路面上的污染； 3. 受到泥沙、油污的污染； 4. 日晒造成的氧化现象； 5. 不明的轻微擦撞痕迹	1. 将软性清洁剂均匀、雾喷于饰条上； 2. 给予2～3min污垢软化时间； 3. 使用小毛刷或牙刷为饰条清洁； 4. 用吸水布擦拭清洁； 5. 用塑料件维护剂润湿棉纸布； 6. 用润湿后的棉纸布为饰条上维护剂； 7. 用吸水布清除受到维护剂污染的区域

三、轮胎污染

说明：轮胎表面失去光泽，有层灰灰的污垢，如图4-16所示。轮胎污染产生的原因及解决方法见表4-16。

图4-16　轮胎污染

轮胎污染产生的原因及解决方法　　表4-16

原　因	解决方法
1. 来自制动摩擦片的金属粉末污染； 2. 来自路面上的泥砂、柏油、油污、水泥、油漆、金属粉末、化学物等的污染	1. 先用清水将污垢润湿； 2. 将软性清洁剂均匀雾喷于轮胎上； 3. 给予2～3min污垢软化时间； 4. 使用长毛刷为轮胎清洁； 5. 用高压清洗机为轮胎冲水清洁； 6. 清洁后用棉纸布为轮胎涂抹轮胎油维护

四、轮辋污染

说明：轮辋表面附着黑色粉末、柏油，如图4-17所示。轮辋污染产生的原因及解决方法见表4-17。

图4-17　轮辋污染

轮辋污染产生的原因及解决方法　表4-17

原　因	解决方法
1.来自制动摩擦片的金属粉末污染； 2.来自路面上的泥砂、柏油、油污、水泥、油漆、金属粉末、化学物等的污染	1.先用清水将污垢润湿； 2.将软性清洁剂均匀雾喷于轮辋上； 3.给予2～3min污垢软化时间； 4.使用双面海绵为轮辋清洁污垢； 5.用高压清洗机为轮辋冲水清洁； 6.将柏油清洁剂雾喷于轮辋柏油粒上； 7.给予2～3min污垢软化时间； 8.用棉纸布擦拭清洁

4.3　汽车内饰可处理的瑕疵

一、皮椅污染

说明：皮椅有层黑色污垢，如图4-18所示。皮椅污染产生的原因及解决方法见表4-18。

图4-18　皮椅污染

皮椅污染产生的原因及解决方法　表4-18

原　因	解决方法
1.来自手汗的污染； 2.来自衣服上的污垢； 3.在车上饮食留下的痕迹； 4.汽车维护时不小心留下的污染； 5.其他物品在皮椅上留下的污垢	1.用软性清洁剂均匀雾喷于皮椅有污处； 2.给予2～3min污垢软化时间； 3.用双面海绵轻刷皮椅受污处； 4.使用吸水布擦拭清洁； 5.用皮革油对棉纸布做润湿

备注：清洁后未擦皮革油，皮椅容易龟裂。

二、顶棚污染

说明：顶棚有明显的黑印，如图4-19所示。顶棚污染产生的原因及解决方法见表4-19。

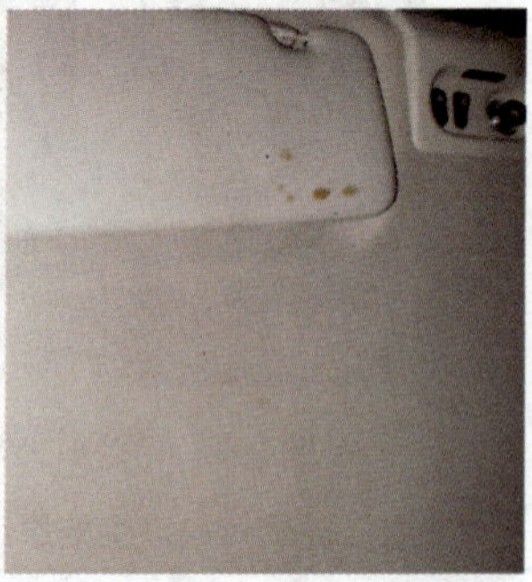

图4-19　顶棚污染

顶棚污染产生的原因及解决方法　表4-19

原　因	解 决 方 法
1. 双手的污染； 2. 头发上的发胶； 3. 修车时不小心污染； 4. 在车上吸烟留下的污染； 5. 来自空气中灰尘的污染	1. 将软性清洁剂均匀雾喷于受污处； 2. 给予2～3min污垢软化时间； 3. 用双面海绵轻刷天花板受污处； 4. 使用吸水布擦拭清洁

三、地毯污染

说明：地毯有深色水渍的痕迹，有层黑色污垢，如图4-20所示。地毯污染产生的原因及解决方法见表4-20。

图4-20　地毯污染

地毯污染产生的原因及解决方法　表4-20

原　因	解 决 方 法
1. 来自鞋底的污染； 2. 在车上饮食留下的痕迹； 3. 汽车维护时不小心留下的污染； 4. 来自其他地面上的污染	1. 用软性清洁剂均匀雾喷于地毯受污处； 2. 给予2～3min污垢软化时间； 3. 用长毛刷刷洗受污处； 4. 使用吸水布擦拭清洁

四、车门板污染

说明：车门板有层黑色污垢和上下车留下的刮痕，如图4-21所示。车门板污染产生的原因及解决方法见表4-21。

◆ 图4-21　车门板污染

车门板污染产生的原因及解决方法　表4-21

原　因	解 决 方 法
1. 来自手汗的污染； 2. 来自双手接触的污染； 3. 上下车时鞋子碰撞留下的痕迹； 4. 车上饮食留下的痕迹； 5. 汽车维护时不小心留下的污染； 6. 其他物品接触留下的污染	1. 用软性清洁剂均匀雾喷于车门板受污处； 2. 给予2～3min污垢软化时间； 3. 用双用海绵轻刷车门板受污处； 4. 使用吸水布擦拭清洁； 5. 用塑料件维护剂对棉纸布做润湿； 6. 使用棉纸布均匀为塑料件、合成革上维护剂

五、绒布椅污染

说明：绒布椅有深色水渍的痕迹，有层黑色污垢，如图4-22所示。绒布椅污染产生的原因及解决方法见表4-22。

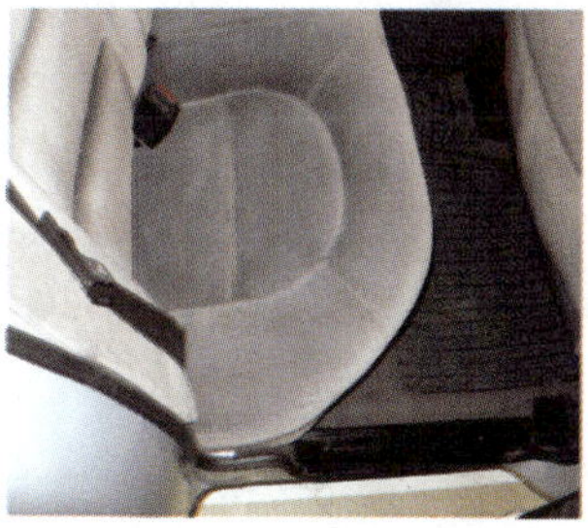

◆ 图4-22　绒布椅污染

绒布椅污染产生的原因及解决方法　表4-22

原　因	解 决 方 法
1. 来自手汗的污染； 2. 来自衣服上的污垢； 3. 在车上饮食留下的痕迹； 4. 汽车维护时不小心留下的污染； 5. 其他物品在绒布椅上留下的污垢	1. 用软性清洁剂均匀雾喷于绒布椅受污处； 2. 给予2～3min污垢软化时间； 3. 用长毛刷刷洗受污处； 4. 使用吸水布擦拭清洁； 5. 使用电风扇吹风，为绒布椅做干燥处理

六、仪表板污染

说明：仪表板的各式按钮上有明显污垢，仪表板上有大量的灰尘，如图4-23所示。仪表板污染产生的原因及解决方法见表4-23。

图4-23 仪表板污染

仪表板污染产生的原因及解决方法 表4-23

原 因	解决方法
1. 来自空气中的灰尘污染； 2. 来自手汗的污染； 3. 在车上饮食留下的痕迹； 4. 来自衣服纤维的污染； 5. 在车上吸烟留下的污染； 6. 汽车维护时不小心留下的污染	1. 取出烟灰缸用清水清洗； 2. 使用高压风枪对仪表板吹风清洁灰尘； 3. 用吸水布沾少许软性清洁剂，为受污处擦拭去污； 4. 用吸水布为受污处擦拭清洁，去除清洁剂； 5. 使用棉纸布沾塑料维护剂为仪表板塑料件维护； 6. 装回烟灰缸

《汽车电子控制技术》，本书为台湾畅销教材，对多种电子控制新技术作了广泛的说明，内容充实、资料多元且题材新颖，深受各界好评与采用。

《汽车自动变速器构造与维修》，本书内容以介绍小型汽车所使用的自动变速器为主。采用的资料为现今车种使用的自动变速器技术新资料，在理论与务实方面更符合现今需求。

《汽车电控发动机构造与维修》详细介绍了汽油喷射控制的原理、构造及作用。有助于读者迅速了解各种不同的汽油喷射方式、喷射系统，同时配合检修实操，从而进一步了解OBD。